Przesłanie Dnia

Przekazy Duchowe z Drugiej Strony Zasłony na Każdy Dzień

Uprzystępnione przez Jeane R. Pothier
Tłumaczenia: Elżbieta Woźniak

The channeled information is given for entertainment purposes only.

Copyright © 2008 Jeane R. Pothier
All Rights Reserved.

ISBN: 978-0-615-26125-6

Podziękowanie

Książka ta nie powstałaby bez zaangażowania i pomocy wspaniałej kobiety, tłumaczki, Elżbiety Woźniak. Jest to książka jej własnej podróży, która teraz jest darem dla wszystkich. Dzięki wsparciu tych, którzy ją znają i kochają wszystko stało się możliwe!

A zaczęło się to od jej zwykłego zapytania w e-mailu czy mogłaby przetłumaczyć dla przyjaciół niektóre przekazy z mojej strony internetowej, w efekcie czego również narodziła się wspaniała przyjaźń. Ela, to jest dla ciebie z prawdziwą miłością i wdzięcznością!

Książka ta również dedykowana jest tym wszystkim, którzy uczynili wersję elektroniczną tych przesłań częścią ich codziennego życia. Jestem wdzięczna za wasze wsparcie ale przede wszystkim za wasze e-maile z opisem tego w jaki sposób wam one pomogły. Ta książka pozwoli wam posiadać te przesłania w zasięgu ręki bez potrzeby włączania komputera.

Oczywiście dziękuję tej ogromnej rzeszy anielskich istot które przychodziły do mnie by dzielić ze mną swe słowa! Dziękuję za wszystko co robicie i za cierpliwość której wam nigdy nie brakowało.

Mam nadzieję, że książka ta będzie pierwszą z wielu pozycji

Hailey, Idaho

2008

Spis Treści

Daj Swemu Ciału Szansę Nadążyć 1

Zatrzymaj się na Chwilę 5

Zwróć Się Ku Sobie 9

Nie Jesteś Sam 11

A Miłość Istnieje 13

Jesteś Silniejszy Niż Myślisz 15

Kiedy Czujesz Się Zagubiony i Samotny 17

W Tym Momencie 21

Słuchaj Swojej Wyższej Jaźni 23

Jak Mogę Pomóc Na Tym Świecie? 25

Za Zasłoną 29

Czasami Po Prostu Potrzebujesz Się Przytulić 31

Podziękowania Płyną w Obie Strony 33

A Kiedy Nadszedł Czas By Pójść Dalej 35

Czas Spokoju 37

Masz Tyle Czasu Ile Ci Potrzeba 41

Kiedy Doświadczasz Utraty 43

Granice 47

Zacznij Od Początku 51

Spis Treści

Znajdź To Co Należy Do Ciebie 53

Będziesz Wiedział 57

Uwolnij Się Od Niesienia Tego Co Nie Należy do Ciebie 61

Niech Sprawy Toczą się w Sposób Naturalny 63

Korzystaj z Narzędzi 67

Wybierz Sam Swoją Walkę 71

Poddaj się 75

Nie ograniczaj się 79

Uwierz w Siebie 83

Daj Swemu Ciału Szansę Nadążyć

JAM JEST Rafael, Anioł Uzdrawiania i Transformacji. Przychodzę dzisiaj do ciebie na żądanie twego własnego ciała fizycznego, fizycznego wyrazu twej boskości.

W ostatnich miesiącach doświadczałeś ogromnego przemieszczenia energii. Przemieszczenia, jakie nigdy przedtem nie było na ziemi przeżywane. Twoja istota zmieniła się w sposób, jaki powoli teraz będzie manifestował się w twojej fizycznej ekspresji pomiędzy czasem obecnym a wiosną następnego roku. Wówczas patrząc wstecz możesz nawet siebie nie rozpoznać.

Twoje ciało przechodziło również te same ogromne przemieszczenia i szczerze mówiąc, jest po prostu zmęczone. Ciało fizyczne jest wyrazem twej istoty, zewnętrznym wyrazem twojej Duszy. Teraz prosi cię o coś bardzo łatwego ale głębokiego zarazem; o coś, co przez ciebie uhonorowane, ułatwi ci ogromnie przyjęcie tego, co się teraz wydarzy na planie fizycznym.

Twoje ciało potrzebuje trochę czasu by nadążyć! Tak! By nadążyć za tą wspaniałą istotą prowadzącą ten wehikuł również przechodzący przez te wszystkie zmiany. Twoje ciało potrzebuje dużo wody, dużo snu oraz, mój drogi, trochę więcej spokoju i ciszy niż sobie ostatnio poświęcasz.

Twoje ciało porusza energie, które odbierasz wokół siebie. Ciało może być jednocześnie twym największym przyjacielem jak i najgorszym wrogiem. Możesz czuć czasami, że ciało twe cię spowalnia na drodze do osiągnięcia celu w życiu, ale całe to doświadczenie, na które sobie zezwoliłeś na tej Ziemi polega na przejściu przez proces wznoszenia się, będąc równocześnie ucieleśnionym.

Mój Drogi, pozwól swemu ciału być twoim najlepszym przyjacielem. Daj mu trochę czasu by nadążyło za tobą w ciągu następnych kilku tygodni. Będziesz bardzo potrzebował jego wsparcia i zezwolenia na dalsze działania przed końcem tego roku i będziesz wdzięczny sobie, że znalazłeś czas by nim zająć. Z pewnością to, czego łatwo nie rozpoznajesz jest to, iż kiedy dbasz o swoje ciało dbasz

o siebie i dajesz sygnał innym, ile jesteś wart oraz, że twoje ciało jest integralną częścią procesu, w którym boska istota ma doświadczenie istoty ludzkiej.

Jeżeli chcesz słuchać, twoje drogie ciało powie ci kiedy i jakiego pożywienia potrzebuje aby uzyskać całą potrzebną w tym czasie energię. Powie ci jaki rodzaj i jaką ilość płynów potrzebuje. Kluczem jest słuchanie ciała, kiedy mówi do ciebie. I będzie ono przemawiało w różnych językach, które w przeszłości nie były dla ciebie tak czytelne. Spójrz na ból i dyskomfort jako wskaźniki tego, że energia nie przemieszcza się ani dobrze, ani swobodnie. Spytaj się ciała, jaka płynie informacja dla ciebie z tego bólu i dyskomfortu.To może być wskazówką, że ciało czegoś potrzebuje; innego pożywienia, innych wartości odżywczych, więcej odpoczynku i tak dalej.

Nadszedł czas, właściwie nadszedł już dawno temu, aby rozpocząć boską relację, jaką pragniesz mieć ze swoim ciałem. Im bardziej twe ciało jest świadome tego, że szczerze słuchasz i odpowiadasz na jego potrzeby, tym bardziej jest gotowe by ci służyć i wspierać na wszystkie możliwe sposoby. Czy potrzebujesz więcej siły i zwinności by móc się bawić? Czego potrzebuje od ciebie twoje ciało, abyś mógł dla siebie zacząć doświadczać zmian?

Daj sobie trochę czasu na to by usiąść i poprowadzić dialog ze swoim drogim ciałem i po prostu pozwól mu tu na Ziemi być tym wspaniałym dla ciebie okrętem. Naprawdę to zależy od ciebie czy to ciało będzie kontynuować bycie twoim najlepszym, najbardziej godnym zaufania przyjacielem, czy wrogiem, pełnym bólu, cierpienia i trudności, które chciałeś pokonać. Wybór jest zawsze twój. My po prostu mamy dla ciebie wiadomość, że twoje ciało jest bardziej niż gotowe, by ci służyć. I kiedy pracujesz z nim w harmonii, również i jemu jest łatwiej aby w harmonii z tobą, przechodzić przez ten niesamowity, dynamiczny okres.

Jestem szczęśliwy mogąc być tu z tobą dzisiaj, a na zakończenie powiem, Oddychaj!

Jeżeli dzisiaj są twoje urodziny: Ten dzień przychodzi do ciebie tylko raz w roku i to jest czas na to, abyś celebrował siebie i to, że jesteś wyjątkowy na tym świecie.

Czy doceniasz siebie mój przyjacielu? Czy jesteś wart tej wspaniałej zabawy, odbywającej się tylko dla ciebie, świętując to, kim jesteś?

Ja wierzę, że jesteś!

Zatrzymaj się na Chwilę

Jam Jest Rafael, Anioł Uzdrawiania i Transformacji. Z ogromną radością pozdrawiam cię dzisiaj! Doszedłeś, bowiem do prawdziwie cudownego miejsca, miejsca choćby nawet na krótką chwilę wartego uwagi w tej podróży z twoją duszą.

Był raz w telewizji bardzo popularny serial "Ally McBeal", w którym taki mały, śmieszny człowiek stosował technikę „zatrzymaj się na chwilę". Była to skuteczna metoda do wywierania ogromnego wpływu na otoczenie. Ludzie, którym przedstawiał swój punkt widzenia rzeczywiście zatrzymywali się na moment by móc skupić się na tym, co on właściwie miał im do powiedzenia.

I w ten sam sposób również ja ci mówię byś zatrzymał się na moment, był ze mną w tej energii i uważał na moje słowa.

Wielu, wielu z was czuje, że w miejscu, w którym teraz się znajduje panuje nicość. Gubicie coś w swoim życiu i nie wiecie dokąd iść ani właściwie, co ze sobą zrobić. Zastanawiacie czy może nadszedł czas aby opuścić tę Ziemię? Czy może nadszedł czas na innego rodzaju działania?

A ja ci mówię, celebruj ten moment! Tak, celebruj go tam gdzie jesteś! Zatrzymaj się na chwilę i świętuj to, że jesteś właśnie akurat w tym miejscu!

To znaczy mój drogi, że zrealizowałeś to wszystko, co było celem, dla którego na tę Ziemię przyszedłeś. Nauczyłeś się lekcji, pozwoliłeś sobie przeżyć doświadczenie a teraz jesteś w punkcie, w którym cel został osiągnięty. Tak, w tym miejscu natomiast możesz wybrać kontynuację życia, gdyż ciągle jest jeszcze tyle do zrobienia. Wielu z was podejmie taką decyzję, nie do końca jednak wierząc, że jest w ogóle możliwe ukończyć to, co zostało zaplanowane na to życie. Jak to w ogóle jest możliwe? Wiele przecież zostało do zrobienia w świecie i jak zwykły człowiek kiedykolwiek mógłby naprawdę zakończyć swą boską misję?!

Tak, to brzmi dla ciebie obco i zniechęcająco, ponieważ

prawie już nie masz energii. Tyle już odpuściłeś, że myślisz, że już nic dla ciebie nie pozostało! Ale i to, mój drogi jest właśnie bardzo dobre!

W tym obcym i pustym miejscu, w jakim się teraz znajdujesz, masz, bowiem możliwość przyciągnąć do siebie wspaniałe i zadziwiające potencjały. To nie jest czas by w pośpiechu podejmować kolejne wyzwania, nową pracę dla innych, lub nawet by służyć światu. To jest czas uznania, że wykonałeś niesamowitą pracę, że dokonałeś cudów! Jest to czas rozpoznania, że najgorsze jest za tobą i możesz opuścić bariery, pozwolić odejść wszelkim walkom i wysiłkom i spojrzeć na nowo na swoje życie.

Zatrzymaj się na moment mój drogi i popatrz, czego naprawdę dla siebie w tym życiu pragniesz. Dotknij tego, posmakuj, poczuj ten aromat. Wejdź w swe marzenia, które leżą uśpione w twoim sercu serc. Wejdź w te dziecięce fantazje na swój temat a także przyjrzyj się uważnie temu, co tam widzisz, bo te marzenia przychodzą z cudownego i najczystszego miejsca w tobie. Przychodzą z miejsca wiedzy, że wszystko jest możliwe, że świat należy do ciebie a ty możesz zrobić wszystko, czego zapragniesz.

Zatrzymaj się na moment, mój drogi, bądź ze sobą, oddychaj energiami realizacji dzieła i z dumą przybij sobie Piątkę. Ponieważ naprawdę dokonałeś niemożliwego. I jeżeli mogłeś to zrobić, to rzeczywiście możesz zrobić absolutnie wszystko! Nadszedł czas na zabawę w twoim życiu, bycie wolnym od ponagleń i zrzędzenia, co trzymało cię, jak to się mówi, w duchowym młynie. Nadszedł czas zezwolenia sobie na trochę rozrywki i przyjemności w życiu.

Czy zrobisz to mój drogi? Wiesz, że możesz……wszystko zależy od ciebie.

Jestem szczęśliwy będąc tu z tobą dzisiaj i na zakończenie powiem, Oddychaj!

Jeżeli dzisiaj są twoje urodziny: Drogi mój, raz w roku dany ci jest dzień tylko dla ciebie i jest to doskonała sposobność by go wykorzystać! Pójdź na lunch lub kolację, tylko ty sam. Oddychaj świadomie z sobą i pozwól by miłość, która jest twoja i tylko twoja była ci ofiarowana dzisiaj w prezencie, ponieważ jest to twój szczególny dzień. Traktuj dzisiaj siebie dobrze, bo jest to twój osobisty dzień w roku i kiedy traktujesz się dobrze czynisz go jeszcze bardziej szczególnym.

Jam Jest Rafael, Anioł Uzdrawiania i Transformacji

Zwróć Się Ku Sobie

Jam jest Rafael, Anioł Uzdrawiania i Transformacji i przyszedłem dzisiaj ponownie by usiąść razem z tobą. Niemalże tu wtargnąłem, aby przesunąć trochę energii i jeżeli będziesz teraz oddychał ze mną możemy zacząć.

Istnieje teraz wokół ciebie energia, która ma wpływ na uczucie rozczarowania i rozdrażnienia. Energia ta próbuje odwieźć cię z kursu jaki sam dla siebie obrałeś. Wątpliwości i lęki jakich doświadczasz nie należą do ciebie i wraz z oddechem łatwo i z miłością możesz je od siebie oddalić.

Dlatego dzisiaj oddychamy razem z tobą, z wielką radością i miłością za wszystko, co robisz w swym życiu. Dokonałeś wyborów, które są wyborami mistrza. Pamiętaj energie tych wyborów i wróć do nich kiedy wątpliwości i niepokoje cię dosięgną. Jesteś teraz w okresie scalania esencji swej własnej duszy. Poczucie siebie, własnej integralności, równowagi i jedności coraz bardziej będzie wysuwać się do przodu.

Oddychaj tą esencją boskiego człowieka. Połącz się z własną jaźnią wiedząc, że to jest naprawdę dobre dla ciebie. Wszystko inne jest iluzją. I kiedy czujesz się codziennie wstrząsany i rzucany przez zawirowania tej ziemskiej egzystencji wróć do miejsca gdzie mieści się twoje centrum, bezpieczna i niezmienna przestrzeń, TY.

Oddychaj umiłowany. Jesteś wielki ponad wszelką wyobraźnię i wszystko, czego pragniesz dla siebie jest tym, co sam wybierasz do realizacji. Nie miej wątpliwości i nie pozwól by ktokolwiek powiedział ci, że jest inaczej. Jesteś tak bardzo kochany i Cała Kreacja jest tutaj by cię wspierać.

Jestem szczęśliwy będąc tu dziś z tobą a na zakończenie powiem, Oddychaj!

Jeżeli dzisiaj są twoje urodziny: Twoje urodziny to nie tylko kolejny, oznaczony dzień w kalendarzu. To jest także krok milowy, jaki przeszedłeś przez cały poprzedni rok. Z energiami tak chaotycznymi, jakie były obecne w tym okresie, nie jest to małą sprawą! Oddychaj głęboko we własnej istocie i uznaj, że jesteś wspaniały, jakim w rzeczywistości jesteś.

Jam Jest Rafael, Anioł Uzdrawiania i Transformacji

Nie Jesteś Sam

Pozdrawiamy cię dzisiaj z ogromna radością, droga istoto. Jesteśmy twoją osobistą świtą anielską, która przyszła tak blisko by w tym spokojnym i świętym miejscu usiąść u twoich stóp z ogromnym szacunkiem i podziwem. Czy wiesz, że jesteś tak bardzo kochany przez tych, którzy pracują z tobą po tej stronie Zasłony? Czy wiesz, że legiony aniołów oczekuje niecierpliwie na każdą twoją prośbę? Czy wiesz, że jest wiele aniołów, które są tu tylko po to, aby ci służyć? Tak bardzo jesteś umiłowany. Tak bardzo, jesteś przez nas kochany.

W obecnym czasie zachodzą zmiany i przesunięcia energii na świecie, wokół ciebie i wewnątrz tej bardzo osobistej esencji tego, kim jesteś. Czasami jest to twoje osobiste tsunami a czasami przesunięć nie ma zbyt wiele i wówczas zastanawiasz się nad tym, co się właściwie dzieje, że nie zauważasz żadnych zmian w swoim życiu? Jednakże my ci mówimy umiłowany; kiedy masz sposobność, zrób sobie małą przerwę i w bezpiecznym, uświęconym miejscu oddychaj przez moment, aby zwolnić rzeczy bieg.

Mówimy ci też, że energie wokół ciebie z każdym dniem przyspieszają coraz bardziej. To, co kiedyś stanowiło 24 godziny teraz odczuwa się jako 15. Czujesz to i coraz bardziej doceniasz te chwile, kiedy możesz wyjść na moment z obiegu by złapać oddech. Odczuwasz, bowiem, że właściwie ścigasz się z samym sobą!

My wiemy też, że ponownie z chęcią powrócisz na swoją ścieżkę. Z oczami skierowanymi ku horyzontowi, będziesz szedł prosto z ramionami ściągniętymi do tyłu i z wysoko uniesioną głową, w kierunku każdej wielkiej przygody, jaka odkrywa się przed tobą każdego dnia.

Tak więc dzisiejszego dnia umiłowany, mówimy ci, że świetnie ci idzie, ale istotny jest sposób, w jaki to się w twoim życiu objawia. Świat zewnętrzny, również na innych poziomach, nie odzwierciedla tak bardzo tego, co się z tobą dzieje. Im bardziej jednak wyjdziesz poza świadomość zbiorową i system wierzeń panujący wokół ciebie, tym częściej zaobserwujesz w swoim życiu coś zupełnie przeciwnego. Równocześnie my mówimy ci, żebyś uwierzył w swe własne odczucia. Uwierz sobie umiłowany, bo jesteś najdokładniejszym barometrem swego życia.

Nie ma nikogo ani na tej Ziemi ani gdziekolwiek indziej, kto może zadecydować za ciebie, jaki obrać kierunek lub jakiego wyboru dokonać. Nadszedł czas by uwierzyć tej boskiej istocie, jaką jesteś, bo w tobie jest zawarta cała wiedza, świadomość i wszystkie odpowiedzi, jakich mógłbyś kiedykolwiek szukać. Nadszedł czas byś prawdziwie uwierzył sobie i uznał, że każda decyzja, jaką podejmiesz w **boski sposób służy Tobie.** Niech odejdą wątpliwości i niepewności, a ty zrób po prostu krok ku rzeczywistości, jaką jesteś ty, umiłowany, boski człowiek.

Jesteś tak bardzo szczerze kochany!

Jesteśmy szczęśliwi, mogąc tu być dzisiaj z tobą, a na zakończenie powiemy, Oddychaj!

Jeżeli dzisiaj są twoje urodziny: Chcielibyśmy zostać zaproszeni na wielką celebrację Ciebie! Tak, Ciebie! Przyjęcie powinno zostać zorganizowane na twoją cześć, ponieważ jesteś wielki i wspaniały. A to, co robisz jest świetne i przyczynia się do zaistnienia istotnych zmian w twoim świecie. W ten dzień przyznaj sam, że jesteś wart wielkich rzeczy i oddychaj w tej energii, która jest tutaj obecna dla ciebie!

A Miłość Istnieje

JAM JEST Sophia, Bogini Boskiej Kobiety i jestem szczęśliwa mogąc teraz być z tobą w tym uświęconym miejscu. Przychodzę by przynieść ci energię, która dotąd tak często traktowana była jak coś, co się wszystkim z góry należy, która tak często była nadużywana i która jest tak bardzo pożądana i potrzebna przez tych, przebywających obecnie na Ziemi.

W tym momencie, wraz ze mną weź kilka oddechów. Odczuwałeś już przecież tyle żałości i smutku. Zastanawiałeś się, o co chodzi w tym życiu i dlaczego nic nie dzieje się w sposób, jaki pragniesz?

Jesteś już blisko zakończenia procesu transmutacji starych energii, starych wzorców zachowań i starych sposobów życia oraz kreowania życia. Czujesz nadchodzący koniec wielu rzeczy w twoim życiu i to przynosi ci smutek. Czujesz, że nadchodzi koniec, ale gdzie jest nowy początek?

Gdzie są te marzenia, o których realizację prosiłeś i błagałeś, kiedy w środku nocy czułeś się tak zagubionym i samotnym? Gdzie są te wszystkie zmiany w twoim życiu, których tak długo pragnąłeś? Gdzie jest ta boska miłość, której ciągle poszukujesz w swoim życiu?

Weź następny oddech, mój drogi i po prostu bądź ze mną w tym momencie. To jest króciutki moment boskiego czasu, czasu poza rzeczywistością w wielu aspektach, czasu tylko dla ciebie. Ponieważ czas jest w samej rzeczy wszystkim, łatwo możesz zobaczyć, jaki jego ułamek zajmuje twoje codzienne, ludzkie doświadczenie i egzystencja.

Weź głęboki oddech i otwórz się na te energie, które dzisiaj są tutaj dla ciebie. Otwórz się na pamięć Boskiego Ciebie i wszystkiego, czym jesteś, kiedy przebywasz poza ciałem

fizycznym. Poczuj miłość i zrozumienie, że Wszystko, Co Jest istnieje dla ciebie nie tylko w tym momencie, ale istnieje zawsze. Poczuj to, oddychaj tym, wchłoń to w każdą komórkę twej istoty. Ponieważ tam właśnie zmierzasz mój drogi.

Zmierzasz teraz w kierunku ucieleśnienia tej energii w swoim obecnym ludzkim wcieleniu! Dążysz do osiągnięcia nowych sposobów ekspresji siebie i sposobów, w jakich postrzegasz świat wokół siebie. Najgorsze z najgorszych jest za tobą na wieczność a ty teraz kierujesz się ku energii, która tysiące lat czekała na ten moment aby móc do ciebie przyjść.

Oddychaj tym wiedząc, że to jest dla ciebie, mój drogi. Pamiętaj, że zasłużyłeś na ten moment w tym czasie tak różnym od innych. To jest twoje, więc chwyć to i trzymaj by umieścić głęboko w samym centrum swej istoty. Ponieważ to ty samotnie szedłeś przez te wszystkie transformacje energii i jesteś tym, kto cudownie niezmieniony wszedł w tę przestrzeń!

I w tym momencie mój drogi, w tej bezpiecznej i świętej przestrzeni, oddychaj w miłości, która zawsze należała do ciebie. Oddychaj w miłości, która jest twoim boskim prawem. Oddychaj w miłości, która mówi ci, że twoje zasługi są nieporównywalne. Oddychaj w miłości, która jest wokół ciebie.

JAM JEST Sophia i przyjemnością jest dzisiaj być tutaj z tobą. Bądź szczęśliwy i pamiętaj, że z twoją duszą jest wszystko w porządku.

Jestem szczęśliwa będąc dzisiaj z tobą a na zakończenie powiem, Oddychaj!

Jeżeli dzisiaj są twoje urodziny: Czego możesz dzisiejszego dnia nie być świadomym jest to, że Cały Świat celebruje dzień twoich narodzin na tej Ziemi. Ponieważ dla ciebie przyjście w to życie nie było łatwe i wiele bólu i rozterek serca cierpiałeś po drodze. W tym szczególnym dniu, który jest ważny każdego roku, zatrzymaj się na moment by podziękować sobie za decyzję narodzin tutaj by móc pracować dla całej ludzkości. Wszyscy, którzy są z tobą i kochają ciebie tak bardzo, są również tak bardzo wdzięczni, że jesteś tutaj.

Jesteś Silniejszy Niż Myślisz

JAM JEST Adamus, St. Germaine i przyszedłem tu dzisiaj by dzielić z tobą wspólnie ten czas. Jak wielu innych, czekałem aż przyjdzie moja kolej by móc wnieść moją energię. Jak zawsze, przyjemnością jest przyjść bliżej i usiąść z tobą aby dzielić w tym momencie tę bezpieczną i świętą przestrzeń.

Doświadczasz czasu ciągłych zmian i wstrząsów. Rzeczy zmierzają raz w jednym raz w innym kierunku i tyleż wzlotów i upadków przeżywasz wraz z innymi dookoła. Wielu, do których rozpaczałeś z powodu niemożności znalezienia sensu swego istnienia lub niezrozumienia sensu własnych energii patrzy teraz na ciebie w inny, nowy sposób!

Świat dookoła wciąż czuje się obco i niepewnie, a ty się zastanawiasz jak przejdziesz przez każdy następny dzień. Co więcej, jak przebrniesz przez każdy następny moment!

Drogi mój, w tym ofiarowanym ci momencie, w tym szczególnym, boskim momencie, weź kilka głębokich oddechów. Zejdź z bieżni swego życia i stań z boku. Stań z boku utrzymując spokój. Oddychaj tym spokojem wprost do głębi swej istoty i przenieś to w pełni na ciało fizyczne. Ciało ludzkie bowiem, potrzebuje teraz powietrza, boskiego Oddechu bardziej niż kiedykolwiek.

W tym momencie mój drogi przyjacielu, poczuj siłę, która jest fundamentalna do tego byś mógł jeszcze raz zlać się w jedną całość. Poczuj odwagę jaką zawsze miałeś, odwagę, dzięki której mogłeś kroczyć swą ścieżką i doświadczać wszystkiego, co wniosłeś w swoje życie. Poczuj to mój drogi i zobacz również ile sam osiągnąłeś!

Nie jesteś na początku swej drogi, mój drogi. Jesteś znacznie dalej, krocząc samotnie z wysoko uniesioną głową a kroki twe są pewne i energiczne. Nie jesteś niezdecydowany, aczkolwiek czasami możesz odnosić wrażenie, że twoje ciało jest niestabilne i chwiejne. Jednakże drogi mój, w momencie tego boskiego czasu poczuj rdzeń siły tego, kim naprawdę jesteś.

Poczuj tę siłę i pamiętaj przez co w życiu przeszedłeś, aby dotrzeć to miejsce gdzie obecnie jesteś! To, co minęło jest za tobą i nigdy nie wróci. Nie oglądaj się za niczym. Gdybyś jednak zapragnął, możesz doświadczyć tego ponownie, ale ty już podjąłeś decyzję by całkowicie zakończyć doświadczenia tamtych energii. Teraz...po prostu przechodzisz przez fazę końcową, pozwalając odejść staremu i otwierając się na nowe.

W ten dzień więc, pozwól sobie pamiętać, że jesteś silny i możesz trzymać swą głowę wysoko z miłością i wiarą w siebie, gdyż ty już dokonałeś cudu przetrwania!

JAM JEST Adamus, St. Germaine i radością dla mnie jest być tu dzisiaj z tobą. Jestem zawsze dostępny i zawsze w zasięgu. Po prostu poproś mnie abym był z tobą a ja zawsze przybędę. I tak to jest!

Jestem szczęśliwy będąc tu z tobą dzisiaj a na zakończenie powiem, Oddychaj!

Jeżeli dzisiaj są twoje urodziny: Drogi mój! Przetrwałeś kolejny rok w tej ciągle zmieniającej się świadomości! To jest czas na celebrację by najbardziej uczcić twe osiągnięcia i uznać, że jesteś wspaniały z powodu tego wszystkiego, co przyniosłeś innym, żyjąc po prostu tu i teraz na tej Ziemi. Tańcz dzisiaj nami! Zaśpiewaj wraz z nami głośno! Poczuj energię wszystkich, którzy kochając cię tak bardzo przychodzą by wspólnie celebrować Ciebie!

Kiedy Czujesz Się Zagubiony i Samotny

Pozdrawiam cię dzisiaj mój drogi przyjacielu.

Jam Jest Jaźń twej Duszy i kocham cię ogromnie. Stałam przy tobie i obserwowałam nieraz, kiedy pokonywałeś trudne ścieżki i nigdy nie traciłeś odwagi, nigdy nie zrezygnowałeś z brzemienia, które niosłeś przez wieczność. Utrzymywałeś niezłomnie w mocy cel i misję swego życia, co było niewątpliwą korzyścią dla ciebie.

Jednak, mój drogi, ja wiem, że były takie chwile, kiedy myślałeś, że serce twoje rozpadnie się na miliony kawałków, ponieważ jedyne, co mogłeś zobaczyć w twoim świecie byli ci, którzy życzyli ci bardzo źle. Zastanawiałeś się, gdzie jest twoja duchowa rodzina i dlaczego teraz nie masz rodziny, która by cię kochała i wspierała w tych trudnych dla ciebie chwilach, kiedy tak bardzo jej potrzebowałeś

Siedziałeś samotnie i płakałeś przerażony, zmęczony biedą, męką, trudami, ubóstwem zastanawiając się czy ta sytuacja kiedykolwiek się zmieni.

Jednak głęboko w duszy, esencji tego, kim naprawdę tu na Ziemi jesteś, płonie mały ogień świadomości, że w jakiś sposób się on rozpali i rozjaśni blaskiem dla ciebie, kiedy będziesz tego potrzebował najbardziej. Byłeś w stanie utrzymywać ten płomień twej boskiej istoty, świadomości Mnie, co pozwoliło ci iść dalej przez życie.

W najciemniejszych momentach ludzkiej egzystencji utrzymywałeś świadomość, że istnieje powód twego pobytu na Ziemi, ale nie był to powód, w który wierzyli twoi rodzice ani to, że jesteś tutaj aby zaspokoić oczekiwania innych.

Nie było powiedziane, czego oczekiwano od ciebie, ale definitywnie nie miało to być życie takie jak życie innych, wokół ciebie. Jesteś inny od samego początku i to było przyczyną bólu i braku radości.

Wiedziałeś, że jesteś tutaj z jakiegoś nieokreślonego powodu, który stale ci umykał i w tych krótkich momentach ponad czasem, mogłeś poczuć, że jesteś tutaj by w jakiś

sposób dokonać zmian. Nawet, jeżeli oznaczałoby to, że przyjąłeś na siebie jeszcze większy trud, większy ból i nawet większe niezrozumienie siebie i tych, którzy ci towarzyszyli.

A teraz bardziej niż kiedykolwiek czujesz swoją powracającą boskość, która teraz z tobą dzieli to życie. Bądź, co bądź te wszystkie łzy, cierpienia serca i rozczarowania były w jakiś sposób coś warte. Teraz, bardziej niż kiedykolwiek, przybyłeś tutaj by samemu się przekonać jak wspaniałą osobą jesteś w rzeczywistości!

Oddychaj w tych energiach, które tutaj są dla ciebie. Oddychaj wiedząc, że bez względu na to, co działo się dotychczas, teraz każdy dzień dla ciebie jest inny, jaśniejszy i o wiele bardziej klarowny. Teraz Ty jesteś w harmonii ze MNĄ, Jaźnią twojej Duszy i razem zmieniamy twoje życie na lepsze pod każdym względem.

Kiedy czujesz się zagubiony i samotny, przywołaj MNIE, JA jestem tutaj. Przywołuj mnie w każdym momencie, bo JA JESTEM z tobą. Stanowimy teraz jedność i z tego połączonego związku przychodzi łatwiejsze życie, większa pewność siebie a przede wszystkim wspanialsza integralność ekspresji tego, czym naprawdę w swoim życiu jesteś.

Tak, więc kiedy jesteś połączony i zintegrowany ze MNĄ, Jaźnią twojej Duszy, nie ma nikogo z większym autorytetem dla ciebie niż TY sam! Ty głównie określasz, jakie będzie twoje życie i w jaki sposób się ono objawi, bowiem My wspólnie kreujemy wszystko na poziomie mistrza, niedostępnym dla większości ludzi.

A ty mój drogi zasłużyłeś sobie na to przez twoją przelaną krew, łzy, cierpienia serca a przede wszystkim odwagę by iść dalej, kiedy łatwiej byłoby zrezygnować i po prostu umrzeć.

JAM JEST dla ciebie i zawsze jestem razem tobą a wspaniałe życie czeka abyśmy je razem zgłębiali!

Jestem szczęśliwa będąc tu dzisiaj z tobą a na zakończenie powiem, Oddychaj!

Jeżeli dzisiaj są twoje urodziny: Tego dnia przyszedłeś by dokonać zamknięcia starego życia. Weź głęboki oddech i pozwól sobie na wystąpienie ze starego życia, które pasuje do ciebie niczym stary, niemodny garnitur. Trzymaj swą głowę wysoko uniesioną i rozglądaj się dookoła szukając tego, co jest właśnie dla ciebie gotowe. Niech to będzie nowy początek dla ciebie, czas przebudzenia i dzielenia miłości z tymi, których tak bardzo kochasz, kiedy my zebrani wszyscy razem celebrujemy TWOJĄ wielkość i wspaniałość!

W Tym Momencie

JAM JEST Rafael, Anioł Uzdrawiania i Transformacji i wielką przyjemnością jest dla mnie przybycie tutaj by się objawić, nawet, jeżeli jest to tylko w formie słów pojawiających się na tej stronie.

Cieszę się, że tutaj przyszedłem. Daje mi to, bowiem możliwość oddziaływania w sposób, jakiego nie mogłem doświadczać przez ponad 2000 lat. O, tak, pisano o mnie i mówiono w całym Uniwersum, lecz teraz jest to osobiste spotkanie ciebie ze mną, co stanowi dla mnie ogromną radość.

Weź głęboki oddech mój przyjacielu. Weź głęboki oddech, zrób krok w stronę niewidzialnego progu i wejdź w mój obszar, tak jak ja wszedłem w twój. Wejdź w tę przestrzeń, którą w gruncie rzeczy bardzo dobrze znasz z czasów egzystencji poza formą fizyczną.

W tej przestrzeni dzieje się prawdziwy cud. Wszyscy ludzie, którzy kiedykolwiek marzyli o niebie, przenieśli te kreacje tutaj i zamanifestowali je. To jest magia, to jest miłość, ale przede wszystkim jest to Światło.

W tym momencie mój przyjacielu, jesteś istotną częścią tego Światła. Nawet, jeżeli przebywasz w formie fizycznej na Ziemi, część Jaźni twojej Duszy ciągle przebywa tutaj, gdyż jesteś wieloma boskimi aspektami jednocześnie. Zawsze zostawiasz tutaj część siebie, co przypomina coś w rodzaju rezerwacji miejsca, dającego pewność, że w odpowiednim momencie na pewno w to miejsce powrócisz.

Światło, jakim jesteś w fizycznej formie teraz na Ziemi, w tym momencie odbija się po tej stronie Zasłony, gdzie inni czekają na ciebie. Mogą oni tu przychodzić kiedykolwiek by ci się przyjrzeć, zobaczyć jak ci idzie, co robisz i jakie czynisz w życiu postępy.

W tym momencie, twe światło lśni jaśniej niż kiedykolwiek wcześniej, co może czasami cię przerażać a w najtrudniejszych chwilach, w najczarniejszych momentach, wybucha płomieniem jaśniejszym niż wszystkie słońca.

Poczuj to mój przyjacielu. Poczuj Światło, które jest esencją Ciebie i pamiętaj w tym momencie, że znaczysz

wiele więcej niż dopuszczasz do siebie nawet w najlepszych dniach twej fizycznej egzystencji. Jesteś Ludzkim Aniołem, który czekał na swój czas by przyjść tu na Ziemię, aby w tym wcieleniu móc dokonywać zmian. Twoja, więc obecność teraz na Ziemi, przynosi Światło dla wszystkich we Wszechświecie.

JAM JEST Rafael i jestem szczęśliwy dzieląc ten moment z tobą. Bądź spokojny i pamiętaj, że z twoją duszą jest wszystko dobrze. Wszystko robisz wspaniale a ja kocham cię tak bardzo. Jestem szczęśliwy będąc tu dziś z tobą a na koniec powiem, Oddychaj!

Jeżeli dzisiaj są twoje urodziny: Dzisiejszy dzień jest szczególny, ponieważ oznacza dzień, w którym przyszedłeś na Ziemię! Właściwie, przetrwałeś proces selekcji, wyborów i przejścia duszy w ciało fizyczne. Ty przetrwałeś a my wszyscy świętujemy życie, które jest tobą. W tym momencie odczuj miłość, jaka jest tutaj dla ciebie w celebracji tego, kim jesteś i zmian, jakie czynisz na tym świecie.

Słuchaj Swojej Wyższej Jaźni

Jam Jest Adamus St. Germaine

Przywilejem i prawdziwą radością jest możność bycia dzisiaj z tobą. Obserwuję z góry wszystkie twoje życiowe decyzje i jestem pełen respektu za wszystkie twoje wybory w tej Nowej Energii.

Widzę te momenty, kiedy popełniasz błędy. Widzę te momenty, kiedy jesteś tak bardzo przekonany o swoich błędach, podążaniem w niewłaściwym kierunku, że myślisz, iż nic dobrego z tego nie wyniknie. Widzę jak te myśli, uczucia i emocje wpływają na ciebie a moje serce wypełnia się smutkiem.

Bowiem, mój drogi, mój drogi przyjacielu, cokolwiek robisz, robisz wspaniale. Usłysz me słowa! Poczuj energię, którą cię obdarzam w tym momencie. Poczuj miłość i zrozumienie, głęboko w sercu serc, że z twoją duszą jest wszystko w jak najlepszym porządku.

Dopóki fale energii będą kontynuować bombardowanie Ziemi w tym właśnie okresie, będziesz odczuwał wiele energii, które aktualnie opuszczają twoje życie. Będziesz doświadczał starych sytuacji, starego życia, starych relacji, które już dawno za sobą zostawiłeś, ale które nagle z siłą ponownie się objawiają tak, jakbyś nigdy ich za sobą nie zostawił.

Cóż, więc robić mój przyjacielu, kiedy właśnie tak się dzieje?

Zatrzymaj się na moment, właśnie w tej chwili, przestań robić to, co aktualnie robisz. Bądź w ciszy. Oddychaj głęboko proszą o spokój i pokój wiedząc, że przyjdzie do ciebie Twoja Wyższa Jaźń by być z tobą obecną. Przesuń się w te energie i słuchaj mój przyjacielu, słuchaj tego, co do ciebie właśnie przychodzi.

Twoja Wyższa Jaźń zna wszystkie odpowiedzi na pytanie, jakie mógłbyś kiedykolwiek zadać. Możesz pytać o wszystko i ta energia ci odpowie, ponieważ ty jesteś

Mistrzem na Ziemi i wszystko cię wspiera.

Słuchaj swej Wyższej Jaźni. Słuchaj tych energii, które ci mówią, że wszystko jest w porządku. Słuchaj głosów tych posłańców, biegaczy, którzy zawsze ci służą pomocą. Słuchaj swej wewnętrznej wiedzy, którą posiadasz, czyli twej Boskiej Prawdy, która ci mówi, że nie tylko jesteś w porządku a samej rzeczy jesteś wspaniały! W momencie, kiedy to słyszysz mój przyjacielu, pozwól odejść wszystkiemu co cię otacza i próbuje przekonać, że jest inaczej, ponieważ to nie należy już do ciebie i nadszedł czas aby zostało to z twego życia uwolnione.

Jam Jest Adamus St. Germaine i prawdziwą radością jest dzielić ten moment z tobą. Wierz sobie, kochaj siebie i wiedz, że wszystko w twej duszy jest jak najbardziej prawidłowe. Jestem zachwycony tym, że mogę dzisiaj być tutaj z tobą a na zakończenie powiem....Oddychaj!

Jeżeli dzisiaj są twoje urodziny: Jesteś dzisiaj błogosławiony a szczególne energie przychodzą do ciebie od wszystkich, którzy ci w tym właśnie dniu służą. To jest prezent dla ciebie od Wszystkiego, Co Jest i przychodzi do ciebie jako najgłębsza wdzięczność dla ciebie i tylko ciebie. Jesteś gorąco kochany i błogosławiony za odwagę bycia na Ziemi w tym czasie i czynienia tego, co czynisz, aby dokonywać tutaj zmian wraz z wszystkimi, którzy staną na twej drodze. Jesteśmy ci za to bardzo wdzięczni.

Jak Mogę Pomóc Na Tym Świecie?

Jam Jest Zadkiel, Archanioł Wyższego Kręgu. Przybyłem tutaj by być teraz z tobą. Proszę byś na moment pozwolił sobie na ciszę i oddychał w energiach w tym momencie dla ciebie obecnych. Potrzebujesz bowiem trochę czasu by dostroić się do tych słów. Wiele energii dochodzi teraz do ciebie i są one dostępne dla twych potencjałów w życiu.

Przychodzę do ciebie dzisiaj gdyż znajdujesz się w niewielkim impasie swojego własnego życia... zastanawiając się nad tym, co będzie, jak i również czy ty sam jesteś na właściwej ścieżce. Przychodzę do ciebie, ponieważ to ja opiekuję się ziemskimi aniołami i zawsze jestem przy tobie by ci towarzyszyć w drodze i kontynuować rozmowę w twoim własnym tempie. Nie ma żadnej magii w naszej komunikacji... to po prostu jest.

Zasadniczo są dwa sposoby, w jakie boski, świadomy człowiek może „pomóc" w tych doniosłych czasach. I powiem ci, że w głębi serca ty już wiesz, jakie one są. Ty, który przez wiele lat z sukcesem szedłeś za swoim wewnętrznym prowadzeniem, od czasu do czasu targany wątpliwościami i niepewnością, uzyskałeś wreszcie klarowne rozwiązania, które są dobre dla ciebie. Przyklaskuję twej sile i odwadze jak i również temu, że wybrałeś drogę życia w rytm podany już przez innego dobosza. To ci dobrze służy mój przyjacielu

Najwspanialszym sposobem, w jaki jeden boski człowiek może pomóc drugiemu jest bycie autentycznym w ekspresji własnego życia. Zbyt często człowiek robi wszystko by dopasować się do otoczenia i postępować jak inni nie chcąc występować przeciwko ze strachu przed represjami, osądem lub nawet potępieniem. Taka postawa służyła ci w przeszłości i kiedy inni odczuwali to bardzo boleśnie, ty czułeś się niezauważalny, tkwiąc w swoim ukryciu. Ale do twojej wiadomości jest teraz ta informacja, że ty nie jesteś taki jak inni i wiedząc o tym nie masz już potrzeby dopasowywać się do innych.

Mentalność podążania za tłumem się zmienia mój przyjacielu, a ty jesteś tym, który występuje z szeregu starych, skostniałych zachowań by wnieść nową energię, nowe idee w fundamenty starej energii. Bądź spokojnym czyniąc to mój przyjacielu gdyż jesteś doskonale wspierany i prowadzony w swych wysiłkach. Uwierz, że wszystko, co otrzymujesz jest wszystkim, czego potrzebujesz w danym momencie i że wszystko jest dla ciebie dobre.

Drugim wspaniałym sposobem w jaki boski człowiek może wyrazić swą umiejętność bycia użytecznym dla wszystkich na tym świecie, jest podążanie za swymi marzeniami, na przekór temu jest odgórnie powiedziane, co jest powszechnie uznawane i przez innych narzucane. Twoje marzenia pochodzą bezpośrednio z twego własnego Źródła i są sposobem, w jaki esencja boskiej duszy przychodzi do ciebie i szepce o swoich pragnieniach, przypomina o tym, co wybrałeś dla siebie zanim przyszedłeś tutaj aby doświadczać obecnego ziemskiego wcielenia.

Kiedy podążasz za swoimi pragnieniami, w pierwszym rzędzie, pozwalasz innym zobaczyć, że jest w życiu coś bardziej wartościowego niż to, co znajduje się tylko na powierzchni. Kiedy pozwalasz sobie żyć swoimi pragnieniami mówisz innym, nie tylko, że jest możliwe kierować się takimi wartościami, ale również, że zezwalasz sobie na ich istnienie a będąc w zgodzie z samym sobą, realizujesz wspaniałe życie!

W obecnym życiu, wyrażeniem boskiego człowieka w ciele fizycznym jest pamięć o tym jak boski jest duch oraz to, że jest on związany z ludzką fizycznością. Zbyt wielu ludzi zapomniało o swym pochodzeniu i wiodą swe życie pogrążeni w desperacji, myślach samobójczych, szaleństwie i głębokim gniewie przeciwko całemu światu. Kiedy ktoś żyje swymi marzeniami będąc w zgodzie z samym sobą, ugruntowanym i skoncentrowanym na tej istotnej wiedzy, panuje wokół niego spokój i cisza odczuwana przez wszystkich wchodzących z nimi w kontakt. To właśnie zmienia świat mój przyjacielu.

Tak, więc mój przyjacielu, Powiem ci, że najlepszym sposobem pomocy innym jest bycie autentycznym, oraz zaufanie sobie. Nie jesteś w tym życiu przypadkowo! To był wybór twój i rady anielskiej, na długo przed przybraniem tej fizycznej formy!

Oddychaj teraz w tej energii. Poczuj miłość, którą twoje własne Źródło Duszy ma dla ciebie i pamiętaj, że jesteś bardzo kochany przez Wszystko, Co Jest. Podążaj za swoimi pragnieniami i bądź w zgodzie z tym, dokąd prowadzi cię życie. A kiedy boski mistrz żyje życiem będącym wyrazem czystej ekspresji siebie samego, inni są również w stanie to sami zobaczyć. Da im to wiele nadziei i w efekcie pozwolą sobie zrobić krok w kierunku ich własnym marzeń.

Jam Jest Zadkiel i jestem szczęśliwy mogąc dzielić ten czas z tobą. Otwórz się na boskie przewodnictwo. Nie ma wątpliwości, że otrzymujesz je od twego własnego Źródła Duszy wraz z wielką miłością i współczuciem dla ciebie. Żyj we własnej boskości i pamiętaj, że z twoją duszą wszystko jest dobrze

Jestem szczęśliwy będąc tutaj z tobą, a na zakończenie powiem, Oddychaj!

Jeżeli masz dzisiaj urodziny: Ten dzień należy do ciebie i uczyń z nim to, co zechcesz. Jest to dzień byś kochał i błogosławił siebie za wszystkie doświadczenia w tym życiu. Zatrzymaj się na moment i skup się na miłości do siebie samego. Podziękuj i pobłogosław sobie za to, że jesteś tutaj obecny, że jesteś tym, który przyczynia się do zaistnienia zmian. Jesteś kochany w sposób nieograniczony!

Za Zasłoną

Jam Jest Xandra, jeden, z nieskończonej liczby anielskich istot będących po drugiej stronie Zasłony. Jam Jest jeden z wielu, którzy teraz mogą przychodzić dzieląc się z tobą energiami i o tym chcę dzisiaj mówić.

Pozdrawiam cię radując się wielce z powodu, tak długo oczekiwanego, iż pewnego dnia Zasłona będzie tak cienka, że ci z nas pilnie służący po tej stronie, będą wreszcie się w stanie przybliżyć i ponownie usiąść przy tobie.

W czasie twego pobytu po naszej stronie byliśmy wspaniałymi przyjaciółmi. Ty sam również utrzymywałeś przyjaźń z wieloma istotami znajdującymi się tutaj. My wszyscy dzielimy energię Wszystkiego, Co Jest Jednością i w tej energii Jedności znamy się nawzajem z zażyłością niemożliwą do osiągnięcia na planie ziemskim.

Ale, mój drogi przyjacielu, nie przyszedłem by o tym rozmawiać dzisiaj. Zamiast tego pozwól mi usiąść na chwilę przy tobie by wspólnie z tobą oddychać a w każdym oddechu zawarta jest magia czasu spędzonego w Domu, pozwalająca jeszcze raz być częścią Wszystkiego, Co Jest. Poczuj energie obecne tu dzisiaj, gdyż jest ich tak wiele by być z tobą w tym momencie.

Wraz z ostatnimi przesunięciami energii zarówno dla całej ludzkości jak i samej ziemi, zasłony są cieńsze niż kiedykolwiek przedtem. To umożliwia twym własnym aniołom, grupom i posłańcom być obecnym w bardziej świadomy dla ciebie sposób. Oni wszyscy niecierpliwie czekają na to by ci służyć i towarzyszyć wg nowych standardów, tak jak to czynili dotychczas będąc po tej stronie Zasłony.

Są oni dostępni dla ciebie w sposób, jak nigdy dotąd a wybór kierunku, który chcesz zgłębiać, należy do ciebie. Jak to wykorzystasz i jak będziesz się bawił wraz z tymi boskimi istotami, które teraz są bliżej, niż kiedykolwiek? O czym będziesz rozmawiać? Jak to jest, kiedy pamięta się taką przyjaźń, gdzie jedność myśli i istnienia stanowi energię Domu?

Największym darem przychodzącym wraz z rozrzedzeniem się Zasłony jest to, że wiesz, w każdym momencie, z każdym oddechem, iż nie jesteś sam w tej podróży ku dalszemu poznawaniu. Masz nieograniczoną liczbę przyjaciół i oni wszyscy cię kochają i pragną tylko tego, co najwznioślejsze i najlepsze dla twego przebudzenia. Są tutaj dla ciebie i pomagają ci na różne sposoby, które będziesz poznawał wraz z odkrywaniem się kolejnych dni twego życia.

W tym duchowym momencie, po otrzymaniu tej informacji, proszę cię byś oddychał w tej ogromnej i wspaniałej miłości, która jest dla ciebie, boskiego człowieka. Poczuj bliskość Wszystkiego, Co Jest jako swoje boskie prawo. Poczuj tę nieskończoną ilość aniołów, którzy siedzą przy tobie i kochają cię bez żadnych warunków i oczekiwań. Poczuj to, mój przyjacielu i pamiętaj, że znacznie więcej miłości płynie do ciebie i tylko dla ciebie.

JAM JEST XANDRA i jestem głęboko wdzięczny za możliwość przybycia i bycia dzisiaj z tobą. Zaproś mnie a ja przybędę w każdej chwili. Oddychaj w miłości, oddychaj w bliskości rodziny, która jest teraz dostępna bardziej, niż w jakimkolwiek okresie od stworzenia świata.

Jestem szczęśliwy mogąc dzisiaj być tutaj z tobą a na zakończenie powiem, Oddychaj!

Jeżeli dzisiaj są twoje urodziny: Dzisiaj jesteś błogosławiony bardziej niż w inne dni a my siedzimy tu z tobą dzieląc energię i celebrując twą fizyczność, przyjętą dla twej boskiej istoty. To życie jest pożądane przez wielu, czekających aż przyjdzie ich czas by się tutaj narodzić. Baw się dniem dzisiejszym i oddychaj pełnią entuzjazmu i świętowania tego, co już istnieje po tej stronie zasłony. Naprawdę, nigdy nie jesteś samotny!

Czasami Po Prostu Potrzebujesz Się Przytulić

Jam Jest Sophia, Bogini Boskiej Kobiety. Przez eony pracowałam z energiami Marii i Magdaleny wspierając energetycznie tych wszystkich, którzy zdecydowali się żyć w swej energii serca a także okazywać ją innym.

Wędrowałam z Rycerzami Templariuszy, którzy w poszukiwaniu balansu i jedności dążyli do integracji swej męskiej energii z Boską Kobietą. Szlochałam, pogrążona w głębokim smutku, widząc zarówno koniec ich dążeń jak również koniec rozwoju innych, kiedy energia męska nie była w stanie znaleźć harmonii i równowagi z Boską Kobietą.

A teraz ty w swoim własnym życiu próbujesz zrobić coś podobnego, czyli znaleźć jedność i balans dla swoich własnych energii. W świecie zewnętrznym jest wiele energii przeciwnych twoim wyborom i próbują cię do nich zniechęcić.

Jednakże mój przyjacielu, ty żyjesz autentycznie w swojej Wyższej Jaźni, Źródle twej duszy i wiesz, że to jest właśnie to, co najwznioślejsze i najlepsze w tobie. Jestem tutaj by wesprzeć twe wybory, kiedy idziesz w kierunku suwerenności i jedności. Wspieram cię wraz z legionami aniołów z tej strony zasłony i jestem tutaj dzisiaj by dać ci chwilę wytchnienia w drodze twej ludzkiej egzystencji.

Proszę cię teraz, w momencie, gdy jesteś w bezpiecznej i świętej przestrzeni, pozwól się wziąć w galaktyczne objęcia nas wszystkich, którzy są tutaj dla ciebie. Czy możesz to zrobić mój przyjacielu? Czy możesz wziąć głęboki oddech i pozwolić by energie miłości i współczucia przyszły do twej fizycznej postaci i wypełniły każdą komórkę twego ciała?

Ta miłość, ten boski uścisk jest tylko dla ciebie. Nie dla nikogo innego, tylko dla ciebie. Cała ta energia jest skoncentrowana na tobie, jest tylko twoja i nie ma potrzeby dzielić jej z innymi. Umieść tę energię głęboko w sercu, wiedząc, że jesteś tak bardzo kochany i wspierany na wiele sposobów szczególnie kiedy się borykasz starając się przeżyć swe życie najlepiej jak potrafisz.

Tak, ja wiem, że są dni, kiedy zastanawiasz się, co tu właściwie robisz i pytasz jak żyć dalej. Powiem ci jednak, że nie jesteś sam w swoich wątpliwościach. Istniały one nawet w sercach takich Wielkich Ludzi, jak Maria, która dawno temu, w swej własnej boskości również się z tym zmagała.

Niech pokój będzie z tobą mój przyjacielu. Pamiętaj, że wszystko robisz wspaniale! Przyjmij dzisiaj ten boski uścisk i bądź w zgodzie z sobą, ponieważ, w samej rzeczy jesteś wielki i wart nieskończonej ilości takich uścisków. Wszystkich wyłącznie dla ciebie.

Jestem szczęśliwa będąc tutaj z tobą, a na koniec powiem, Oddychaj!

Jeżeli dzisiaj są twoje urodziny: Przyjmij dzisiaj od nas wszystkich pełnych głębokiej miłości i podziwu te nieograniczone błogosławieństwa. Chodzisz po tej ziemi chowając się przed samym sobą, jednakże rano każdego dnia wstajesz by kontynuować swą podróż. Jesteś niewyobrażalnie kochany i Wszystko wspiera twoje wybory. Raduj się tym dniem, bo my wszyscy jesteśmy tu dla ciebie.

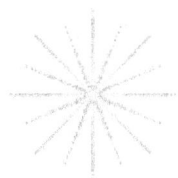

Podziękowania Płyną W Obie Strony

Jam Jest Tobiasz z Karmazynowego Kręgu i dzisiaj przychodzę do ciebie by dodać mój głos do całej rzeszy pragnących z tobą rozmawiać.

Często jesteśmy z tobą, szczególnie kiedy czujesz się gorszy niż Boski Anioł, którym w rzeczywistości jesteś. My wszyscy, którzy cię kochamy zawsze jesteśmy do twej dyspozycji po tej stronie Zasłony i czasami nawet łkamy wraz z tobą, kiedy czujesz się taki smutny i samotny.

A potem, kiedy dokonujesz ogromnej transformacji, gigantycznego skoku świadomości, przychodzisz do nas by wyrazić swoje podziękowanie za wsparcie i miłość, jakie otrzymałeś w okresie depresji, głębokiego żalu i smutku

Jestem tutaj dzisiaj mój przyjacielu, razem z rzeszą aniołów, którzy cię tak bardzo kochają, aby wyrazić moje ci osobiste podziękowanie. Mówię również głosem energii złożonej z wszystkich twoich osobistych energii, które wyrażam dla ciebie w tym momencie.

Podziękowania i wdzięczność płyną w obu kierunkach, mój przyjacielu. Kiedy ty dziękujesz tym, którzy cię kochają tak bardzo i dzielą swoją energię z tobą również w trudnych i niepewnych czasach, oni zwracają się do ciebie z podziękowaniem za wszystko to co sam czynisz by zmieniać życie.

Proszę cię w tym momencie odsuń się na chwile od tego tak zajętego świata. Oddychaj głęboko w nieskończonej wdzięczności, jaka tutaj dzisiaj panuje. Oddychaj głęboko wdzięcznością, jaką my wszyscy czujemy dla ciebie w każdym momencie twej ziemskiej egzystencji. Oddychaj głęboko tą miłością i wdzięcznością i pamiętaj, że bez tego co robisz byłoby mniej światła i miłości na tym świecie.

Jam Jest Tobiasz z Karmazynowego Kręgu i dzisiaj dodaję moje osobiste podziękowanie dla ciebie za wszystko, czego

pozwalasz sobie doświadczać, za doniosłe i wspaniałe kroki, które podejmujesz w każdym momencie. Nawet kiedy się wycofujesz z trwogi i lęku przed nieznanym, ty ciągle wycofujesz się z odwagą i wdziękiem. Ty powodujesz, że świat się zmienia w każdym momencie i z każdym oddechem.

Oddychaj teraz w wdzięczności i we wspaniałej obfitości, które są przeznaczone dla ciebie i uhonoruj siebie tak jak my honorujemy ciebieJestem zachwycony będąc tu dzisiaj z tobą a na zakończenie powiem, Oddychaj!

Jeżeli dzisiaj są Twoje urodziny: bądź błogosławiona boska istoto, która chodzi dziś po ziemi i żyje najlepiej jak potrafi, bez żadnych instrukcji mówiących jak wszystko działa lub jak powinno działać. Światłem własnej boskości lśnisz dla wszystkich. Celebruj siebie tak jak my celebrujemy ciebie!

A Kiedy Nadszedł Czas By Pójść Dalej

Tak, więc mój drogi, Ja, Tobiasz ze Szkarłatnego Kręgu przyszedłem tu by dzielić ten czas z tobą. Jest to wspaniały okres twojego życia, nawet, jeżeli w chwili obecnej wygląda to inaczej.

Jest to wspaniały okres, a wiele więcej jeszcze na ciebie czeka! Istnieją potencjały, które pojawiają się codziennie w tych obszarach, o jakich dotychczas miałeś mgliste pojęcie. Teraz następuje ich stopniowe odsłanianie. Ma to miejsce każdego dnia i daje ci małą podpowiedź w sprawie tego, co cię jeszcze czeka.

Jednakże to, o czym przyszedłem dzisiaj rozmawiać nie dotyczy przyszłości ale czasu teraźniejszego w twoim osobistym życiu. Z powodu ogromnych zmian, które dla siebie zaplanowałeś, coraz częściej zauważasz to, że świat zewnętrzny jest coraz mniej kompatybilny z boską istotą, jaką sam sobie pozwalasz być.

Jak radzisz sobie w życiu z innymi, którzy nie czują się dobrze z twoją szeroko rozwijającą się boskością? Jak rozmawiasz z tymi, którzy nie chcą zauważyć zmian zachodzących u ciebie i być może walczą z tobą, co może być dla ciebie coraz bardziej uciążliwe?

Nic nie możesz zrobić dla tych, którzy pragną zatrzymać cię w starym miejscu. Są oni, bowiem również istotami boskimi podążającymi po spirali ich własnej drogi, no i są również Bogiem. Nie jest twoim obowiązkiem w tej inkarnacji zmieniać serce lub sposób myślenia innych, a jakakolwiek próba uczynienia tego przysporzy ci rozczarowania i poczucie „walenia głową w ścianę".

Są okresy życia mój drogi przyjacielu, kiedy znajdujesz się w miejscu, gdzie nie możesz przebywać dłużej wśród ludzi, którzy cię nie wspierają w sposób, na jaki zasługujesz. Być

może jest to współmałżonek tak przywykły do dynamiki starej energii i niepragnący żadnych zmian, być może jest to dziecko, które zawsze robiąc to, na co ma ochotę, z lęku przed zmianami, złości się i dostaje ataku furii, kiedy rodzicielskie wsparcie zmienia swój charakter.

Są okresy życia mój drogi przyjacielu, kiedy najlepsze, co możesz zrobić dla siebie to po prostu pozwolić odejść starym relacjom a samemu pójść dalej naprzód. Wiele razy, częściej niż możesz sobie wyobrazić, ty jesteś osobą, która kurczowo się ich trzyma! Ale kiedy otworzysz swą dłoń i pozwolisz energetycznie się uwolnić, opuszczą cię byś sam mógł ruszyć dalej ku własnej realizacji.

A zatem, ta dzisiejsza wiadomość dotyczy szacunku do siebie w momencie, kiedy wiesz, że możesz ruszyć dalej i szczerze tego pragniesz, ale nie jesteś całkiem gotowy by sobie na to pozwolić. Teraz nadszedł czas by otworzyć swą dłoń i uwolnić uchwyt tych starych relacji, które ci już nie służą i nie wspierają boskiej istoty, jaką jesteś.

Pozwól sobie mieć w otoczeniu tych, którzy cię szanują i cenią, i którzy są szczęśliwi dzieląc z tobą życie, a ich jedynym pragnieniem jest wspierać twe wysiłki, nie zaś żywić się energią twojej wyższej wibracji. Zasługujesz na to by tacy ludzie byli w twoim życiu. Tacy, którzy cię szanują i życzą ci jak najlepiej a nowe relacje przyjdą, kiedy uwolnisz stare, mój przyjacielu. Tak więc, czy dzisiaj możesz zezwolić sobie na to, aby pójść dalej?

JAM JEST Tobiasz i przyjemnością jest być tu dzisiaj z tobą. Szanuję wszystko, co robisz w swym życiu i ogromnie cieszy mnie spędzony z tobą czas.

Jestem szczęśliwy będąc tu dzisiaj a na zakończenie powiem, Oddychaj!

Jeżeli dzisiaj są twoje urodziny: Jaki dzień jest lepszy od dzisiejszego by dokonać zasadniczych zmian, które są dla ciebie korzystne? Jaki może być lepszy prezent niż podjęcie dzisiaj decyzji, która mówi do Wszystkiego, Co Jest, że ty jesteś ważny, że ty jesteś cenny i zasługujesz na traktowanie z największą troską i respektem!? Podaruj to sobie właśnie dzisiaj!

Czas Spokoju

JAM JEST Archanioł Rafael i zaszczytem dla mnie jest być tu dzisiaj z tobą. Usiąść ponownie razem by dzielić z tobą me energie. Tyle się dzieje w twoim życiu i wiele pozwoliłeś sobie uwolnić jednak w tym momencie czujesz pustkę w duszy, brakuje ci energii. Jestem szczęśliwy mogąc raz jeszcze być z tobą i dzielić ten czas.

W świecie, jaki teraz istnieje, w tym burzliwym czasie, coraz łatwiej jest wpaść w wir obowiązków i zajęć, pędzić w szalonym pośpiechu, i tym samym mieć coraz mniej czasu dla siebie, coraz mniej czasu dla tych chwil ciszy i spokoju oraz coraz mniej czasu by znaleźć miejsce ciszy wewnątrz siebie.

Ta sytuacja może mieć na ciebie negatywny wpływ, gdyż tęsknisz za tymi chwilami wewnętrznego spokoju i ciszy. Czujesz, że one zawsze powinny być w twoim życiu obecne, ale właściwie to dlaczego ich nie ma? Co robisz źle lub nie robisz poprawnie, co pozwoliłoby ci być w doskonałym spokoju we wszystkich momentach swego życia?

Żyjesz w burzliwych czasach, które sam wybrałeś to dla siebie, mój przyjacielu. Wybrałeś życie z tego świata, a nie poza tym światem! I jako ktoś żyjący na tym świecie poddany jesteś wpływom tych wszystkich energii, które stale wirują wokół ciebie, wpływają na twoje własne energie i tańczą, tańczą, tańczą z nimi wszystkimi.

Nie jest to życie odosobnienia i nieustannej samoobserwacji. Nie jest to życie gdzie jesteś w stanie odejść od wszystkiego i wszystkich wokół ciebie. To jest życie, które wybrałeś by dzielić energie z innymi i doświadczać tego jak to jest kiedy samemu się jest w pewnych wibracjach będąc zarazem w otoczeniu innych.

To jest życie, które celowo zostało określone jako będące niemal w ciągłej wzajemnej interakcji i odchodzeniu. Jednakże mój przyjacielu jest to również życie, w którym sam zadecydowałeś na ile głęboko wchodzisz w zależności z innymi. Masz, bowiem wybór żeby odejść i zająć się swoimi wewnętrznymi potrzebami. A ja mówię ci teraz że, kiedy oddzielasz się od energii innych ludzi, w rzeczywistości prawdziwie służy to tobie.

Służysz sobie mówiąc Wszystkiemu Co Jest, że twój wewnętrzny świat, wewnętrzny spokój, jest ważniejszy od tego niż fakt, że ktoś inny może otrzymać twoją energię. To nie jest twój obowiązek. Nie jesteś tutaj by służyć innym. Jesteś tutaj by zmienić coś na tym świecie i doświadczyć tego, czego ludzie nigdy przedtem doświadczyć nie mogli. Nie jesteś tutaj by opiekować się innymi. Jesteś tutaj by integrować wszystko, co jest TOBĄ i ta integracja i scalanie z własną jaźnią jest najlepszą ekspresją, jaką mógłbyś być.

Dobrze jest pobyć trochę w ciszy, mój przyjacielu, odejść od energii innych i być samemu ze sobą. Dobrze jest wiedzieć mój przyjacielu, że jest taki czas, kiedy energie innych są szkodliwe i nie służą ci wcale. Dobrze jest mój przyjacielu oddzielić się od innych i być w pokoju z sobą. Kiedy to zrobisz, rozpoznasz i uznasz siebie jako tę wielka istotę, która służy ci najbardziej.

Nie ma poza tobą niczego, co jest lepsze dla ciebie, zdrowsze i piękniejsze niż ty sam. Możesz odnaleźć tę boską istotę, kiedy pozwolisz sobie na ciszę i spokój. To jest tam gdzie odnajdziesz swój wewnętrzny rdzeń, który jest prawdziwym TOBĄ i to dzieje się wówczas, kiedy pozwolisz sobie na chwilę wytchnienia. Ten czas jest niczym wiatr w skrzydłach, kiedy lecisz do świata zewnętrznego. Jest dobrze mój przyjacielu być w ciszy, przeznaczając sobie tyle czasu, ile potrzebujesz. Stanowi to, bowiem fundament bycia w pokoju ze światem zewnętrznym.

JAM JEST Rafael i darem dla mnie jest być tu z tobą dzisiaj. Podaruj sobie ten sam rodzaj prezentu będąc w ciszy z samym sobą. Prawdziwie nie ma lepszego prezentu niż kontakt ze sobą mój przyjacielu. Podaruj sobie każdy dzień a zobaczysz o ile łatwiej jest ci żyć na tym świecie.

Jestem szczęśliwy będąc tu z tobą dzisiaj a na zakończenie powiem, Oddychaj!

Jeżeli dzisiaj są twoje urodziny: To jest wielki dzień by być z tobą i dzielić twą energię z innymi. Rozpocznij bycie ze sobą. Usiądź w ciszy i pozwól, aby miłość, jaką ma dla ciebie twoja dusza była prezentem dla ciebie. Odbierz tę miłość, która jest tutaj dla ciebie i pamiętaj, że jesteś kochany ponad wszelkie wyobrażenia.

Masz Tyle Czasu Ile Ci Potrzeba

Jestem tutaj mój drogi, JAM JEST Rafael Anioł Uzdrawiania i Transformacji i przyszedłem by usiąść przy tobie blisko, teraz w tej bezpiecznej i świętej energetycznej przestrzeni.

Życie w twoim świecie stało się znacznie bardziej intensywne i trudne a ty odkrywasz, że twoje własne energie są rozciągane, szarpane i wibrują, każda w innym kierunku. I ja powiem ci, że ten stan wzmoże się w okresie następnych kilku lat. Tak, mój przyjacielu, w tej przestrzeni, poproszę cię abyś teraz na moment usiadł i oddychał wraz ze mną. Z dala od hałasu, i zwariowanego dnia dzisiejszego, usiądź wraz ze mną w spokoju i ciszy tej energii.

Wszystko dookoła ciebie jest iluzją tworzonych harmonogramów i terminów. Mówię tutaj o nich jako kreowanych iluzjach, ponieważ na innym poziomie energii i egzystencji nie są one wcale „prawdziwe" w tym sensie, że są czymś, co ma ogromny wpływ na twoje życie. Są one stworzone jako formy kontroli przez innych, w których ty sam zgodziłeś się partycypować, jako, że tak właśnie rozgrywa się sztuka zwana życiem.

Kiedy zrobisz krok poza świadomość zbiorową, tego typu restrykcje i ograniczenia mają coraz mniejszy wpływ na ciebie w twoim fizycznym świecie. Och, ciągle jeszcze istnieje 24 godzinny dzień i twoje próby by wypełnić swój czas tym, co uznajesz za istotne. Jednakże i to jest iluzją.

Dlatego też mój przyjacielu, kiedy jesteś w pełni obecnym w danym momencie, w tym rozszerzonym TERAZ, to jest twoja prawdziwa rzeczywistość na tym planie egzystencji. Masz więcej czasu niż potrzebujesz! Masz go więcej niż potrzebujesz na zakończenie wszystkich zadań, jakie podejmujesz każdego dnia. Masz go więcej niż potrzebujesz na chwile ciszy z sobą aby świadomie oddychać.

Mój przyjacielu, masz więcej czasu niż potrzeba abyś mógł doświadczyć życia takiego, jakiego pragniesz. Często czujesz, że brakuje ci czasu, że twoje życie przyspiesza poza kontrolą a ty nigdy nie dotrzesz do swych różnorakich celów, które sobie wyznaczyłeś. Wyczuwasz też, że inni wokół ciebie też czują się ograniczeni nie mając go wystarczająco dużo.

A ja ci powiem, mój przyjacielu, kiedy czujesz, że nigdy nie masz wystarczająco dużo czasu dla siebie, uszczypnij się lub zrób cokolwiek w tym momencie by wyjść poza tę energie świadomości zbiorowej. Kiedy twoja uwaga jest skierowana na to, że nigdy nie ma wystarczająco dużo czasu dla ciebie, dla wszystkiego czego pragniesz zrobić, jesteś wówczas po prostu utknięty głęboko w świadomości zbiorowej i teraz nadszedł „czas" by z tego wyjść!

Mój przyjacielu, masz tyle czasu ile potrzebujesz w każdym danym ci momencie. Ponieważ czas jest nieskończony, wszystkie marzenia, wizje cele i pragnienia są możliwe do osiągnięcia, kiedy są tworzone w teraz. Niech odejdą troski i zmartwienia z powodu braku czasu i wejdź we własna duszę wiedząc, że masz go w zasadzie wystarczająco tyle ile potrzebujesz w jakimkolwiek momencie.

JAM JEST Rafael, Anioł Uzdrawiania i Transformacji i ogromną przyjemnością jest usiąść z tobą dzisiaj by dzielić moją energię. Jesteś tak bardzo kochany! Pamiętaj o oddychaniu!

Jeżeli dzisiaj są twoje urodziny: Dzisiejszy dzień ponad wszystkie inne dni jest po to abyś przeznaczył dużo, dużo czasu na to by uczcić siebie, boską istotę. Dzień urodzin jest dla ciebie dniem celebrowania, gdyż świat bez ciebie nie byłby taki sam. Baw się dobrze!

Kiedy Doświadczasz Utraty

Jestem dzisiaj z tobą mój przyjacielu. JAM JEST Rafael, Anioł Uzdrawiania i Transformacji i przyszedłem dzisiaj by mówić o utracie ukochanej osoby oraz o tym abyś pozwolił odejść tym, którzy fizycznie dzielili z tobą życie. Przede wszystkim mam na myśli żal i pustkę, która towarzyszy ich odejściu.

Ludzka świadomość nie pamięta jak to jest, kiedy opuszcza się ciało fizyczne aby odejść w inne sfery. Generalnie istnieje przekonanie, że śmierć jest okrutna, bolesna i w pewien sposób ogromnie przeraża tych, którzy odchodzą.

Nie jest to prawdą. Dusza opuszczająca ciało fizyczne, odchodzi natychmiast i przy przechodzeniu nie czuje żadnego bólu. Podczas przejścia istnieje krótki moment, „pomiędzy", ale kiedy spoiwo łączące ciało fizyczne rozdziela się, odczuwa ona głęboką ulgę.

Radość panuje, kiedy dusza opuszcza ciało. Dusza jest lekka i łatwo się porusza, natomiast, kiedy jest przyłączona do ciała fizycznego, energie są spowolnione i w pełni doświadczane w sposób, który dla wielu może wydawać się zbyt intensywny lub nawet przesadny.

Kiedy ktoś bardzo przez was kochany opuszcza Ziemię, po naszej stronie panuje ogromna radość. Wielu, bowiem oczekuje przejścia tych, którzy zakończyli swój czas na Ziemi. Wielka jest celebracja i wielka radość z powodu ponownego spotkania dusz, które tak długo były rozdzielone. Nie ma smutku w przechodzeniu, ale smucimy się widząc, w jaki sposób ludzie reagują na odejście ich bliskich.

Kiedy odchodzi zwierzęcy towarzysz, żal jest w pewien sposób inny, gdyż powstaje uczucie, że ponowne spotkanie dusz nigdy nie nastąpi. Ja jednak przychodzę do ciebie by ci powiedzieć, że nie jest to prawdą. Proszę, w tym momencie, oddychaj wraz z moim zapewnieniem, że wszyscy, którzy opuścili swe fizyczne ciało zawsze spotkają się ponownie w innych światach, gdyż taka jest natura Jedności, gdzie wszystko jest Jednym.

W czasie, gdy odczuwasz wielką utratę i pustkę po kimś, kto cię opuścił, on właściwie nigdy z twojej egzystencji całkowicie nie odszedł. Jego energia istnieje obok twojej. Co prawda energia ta istnieje teraz w innym świecie, ale w rzeczywistości bardzo się do ciebie zbliża. Będą, więc te momenty, cenne chwile, w których siedząc spokojnie, pozwalając sobie rozluźnić samokontrolę i system wierzeń, poczujesz ich energię tuż koło siebie. Miłość po tej stronie Zasłony istnieje i jest jej znacznie łatwiej przepływać, kiedy nie ma ograniczeń gęstości ciała fizycznego!

Dusze tych, którzy odeszli nigdy nie umrą, bo są one nieśmiertelne. To ma również miejsce w przypadku tak bardzo ukochanych towarzyszących wam zwierząt, których okres życia jest krótszy niż u ludzi. Ci drodzy zwierzęcy przyjaciele, są blisko i często tańczą u stóp tych, którym towarzyszyli na Ziemi i dzielili z nimi tak dużo czasu. Ich miłość trwa nadal i one są pierwsze pośród tych, którzy stoją w szeregu by cię przywitać, kiedy ty sam dokonasz swego przejścia z tej Ziemi.

Zachowaj serce, drogi przyjacielu, bo nic nie jest utracone całkowicie. Odczuwając zaś smutek i utratę, uchwyć się mocno tej świadomości, że pewnego dnia zobaczycie się znowu, a wówczas zapanuje radość z ponownego połączenia!

I w tym momencie mój przyjacielu, poczuj miłość i współczucie od nas wszystkich, którzy pracując z tobą są równocześnie tak blisko. Czujemy ból twego serca i wraz z tobą ronimy łzy smutku, kiedy przechodzisz przez te doświadczenia. Nie jesteś w tym sam. Nawet, jeżeli tak czujesz, doświadczając czasu samotności, zawsze będziesz otoczony przez większą liczbę aniołów niż możesz sobie wyobrazić. Pozwól sobie przejść przez tę żałobę, gdyż jest to cecha ludzka i dobrze ci służy doświadczanie tego wiedząc, że jest to również wskaźnikiem jak bardzo ci zależało i jak bardzo tęsknisz za tymi, których kochałeś. Tyle jest w tym szacunku, więc nawet przez moment nie wypieraj się tych uwolnionych emocji i uczuć, gdyż dobrze ci służą. Jesteś boską istotą a to jest ludzkie doświadczenie.

JAM JEST Rafael i jestem tutaj z tobą mój przyjacielu. Wiedz, że jesteś gorąco kochany i kiedy pewnego dnia wszystko zrozumiesz, ponownie staniesz obok tych, którzy dzielili z tobą życie i których kochałeś w tym ludzkim doświadczeniu. Obecne przejście to tylko ułamek czasu.

Oddychaj, mój przyjacielu i pozwól sobie płynąć ku swoim emocjom. Oni szanują ciebie, jakim jesteś w każdym momencie.

Jeżeli dzisiaj są twoje urodziny: Jesteś tak bardzo kochany i szanowany pod każdym względem. To jest dzień twych urodzin, który my świętujemy. Przesyłamy ci trochę więcej miłości i współczucia w tym wielkim dniu, który wybrałeś na to aby przyjść na Ziemię, by wykonać pracę wymagającą wiele odwagi i silnej determinacji. Jesteś kochany ponad wszelkie wyobrażenia.

Granice

Jam Jest Adamus, St. Germaine i mam przyjemność być dzisiaj tutaj z tobą. Tyle dzieje się na świecie wokół ciebie, zatrzymaj się więc na moment i pozostając w bezruchu oddychaj.

Dzisiaj mam pragnienie mówić o granicach. Ten świat ma wiele definicji i w konkretnej sytuacji może być postrzegany w jeden, konkretny sposób, potem zaś, kiedy jest postrzegany globalnie, przyjmuje zupełnie inne znaczenie. To z czym się chcę się podzielić to, granice pomiędzy tobą a tymi, którzy się właśnie budzą i rozglądając się dookoła nagle widzą kogoś, kto, jak wierzą może uwolnić ich od problemów tej drogi życiowej, jaką obecnie podążają.

To, o czym mówię, to sytuacja, kiedy coraz więcej ludzi się budzi i spostrzega jakby zupełnie nowy świat dookoła nich. To jest ogromne przesunięcie świadomości i wielu ludzi rozglądając się teraz w około pyta, co jeszcze ich czeka w życiu. Pytają, jaki jest cel ich życia i jak mogą po prostu teraz żyć lepiej.

Wielokrotnie właśnie dochodzą oni do końca ich bolesnej i trudnej drogi, pełnej traumy i dramatów, skąd często szukają ucieczki. W zbyt wielu przypadkach szukają oni kogoś lub czegoś by ich naprawił lub przybył z pomocą i odpowiedział na pytania, w jaki sposób oni teraz mają żyć swoim życiem.

Zatrzymaj się na moment i oddychaj wraz ze mną, abyś poczuł energię, która powoli wkraczała w obręb twojej sfery sprawiając zarazem coraz więcej kłopotów. Twoje dotychczasowe życiowe doświadczenia nie są po to byś teraz ratował innych. Owszem, możesz uczyć innych tego, czego sam się nauczyłeś. Możesz też dzielić się z innymi twoją historią i doświadczeniem, to jest bowiem odpowiednim wyrazem twej Boskiej Jaźni.

Nie służy ci, ani daje poważania sytuacja, w której inni oddając ci swoją moc i siłę proszą cię o ratunek od ich własnego życia, które również zawiera w sobie moc kreacji.

Poczuj to mój przyjacielu i oddychaj wraz ze mną. Nie jesteś tu po to, aby ratować lub naprawiać innych. A jeżeli znajdziesz się w sytuacji gdzie ktoś podejmie próby by narzucić ci właśnie taka rolę, pamiętaj wówczas, że nadszedł czas by umocnić swe osobiste granice.

W świecie coraz bardziej chaotycznym, kiedy stare energie odchodzą a inne przełamują się zanim wzrosną w nowe energie, jest coraz więcej energii strachu, rozczarowania z powodu rozgoryczenia i niepokoju związanych z odchodzącym starym systemem, kiedy nowy jeszcze się nie ukształtował.

W tej transformacji wielu szuka powierzchownych życiowych wytycznych i ty możesz znaleźć się w sytuacji bycia zaangażowanym przez tych, którzy cię otaczają. Owszem, będą chwile, kiedy dla ciebie będzie to bardzo satysfakcjonujące doświadczenie, szczególnie, kiedy inni bardzo wdzięczni za pomoc wyniosą cię na piedestał.

Jednakże mój przyjacielu, suwerenność nie oznacza przejmowanie problemów innej osoby. Nie oznacza to naprawianie czegokolwiek lub przejmowanie ich energii na siebie. Zbyt długo kroczyłeś swą ścieżką jako mistrz, aby wiedzieć i rozumieć, że nie pomagasz nikomu biorąc na swoje barki czyjeś, zaakceptowane przez niego na samym początku, doświadczenie.

Granice są po to byś mógł być w swej własnej mocy i dzielić się swoją energią z innymi, aby i oni mogli pamiętać, że wszelkie potrzebne odpowiedzi przychodzą zawsze w stosownym momencie. Granice są dla ciebie, aby uchronić cię przed byciem wykorzystanym przez inne osoby z pozycji ich strachu. Granice są po to, byś utrwalał swoją moc i emocjonalne nastawienie w chwili, kiedy inni będą dzwonić do ciebie nawet w środku nocy by usłyszeć od ciebie odpowiedź na pytanie, co mają robić w momencie, kiedy odczuwają strach.

Codziennie zatrzymaj się na moment mój przyjacielu, by określić swoje własne granice, by być mocnym w swoim życiu. Pamiętaj, że ty jesteś nauczycielem a nie podporą brzemienia innych. Nie czynisz niczego dobrego biorąc na siebie ich energię i oddając swoją. Nie czynisz niczego dobrego biorąc na siebie ich karmę, kiedy ty zakończyłeś odrabiać swoją dawno temu. Nie czynisz niczego dobrego gubiąc się w traumach i dramatach innych, a przede wszystkim hańbą dla ciebie jest, kiedy zachowujesz się niczym wybawiciel. Jeden był wybawiciel na tym świecie i to nie jest twoja rola.

Bądź silny mój przyjacielu i spokojnie odmawiaj przyjęcia władzy od innych. Kiedy pomagasz innym w ich osobistym wzmocnieniu ma to o wiele bardziej korzystny wymiar niż cokolwiek innego. Nie pozwól nikomu by ci oddał swoją siłę i bądź umocniony w swej własnej wiedzy, że nie jesteś winny nikomu swej energii czy życia.

Jam Jest Adamus St. Germaine i prawdziwą radością jest dla mnie dzisiaj być tu razem z tobą. Pamiętaj moje słowa w momencie, kiedy w przyszłości będziesz miotany przez wyzwania, gdy wielu przyjdzie do twych drzwi prosząc o linę ratunkową. Kiedy przejmiesz czyjąś energię pomimo boskiego pragnienia służenia pomocą, sam siebie pogrążysz. Poczuj to mój przyjacielu i bądź mocnym wiedząc, kim jesteś. Mistrz uczy, ale nie przerabia ani lekcji ani doświadczenia za swych studentów.

Jam Jest z tobą dzisiaj i na zakończenie powiem……..
Oddychaj!

Jeżeli dzisiaj są twoje urodziny: Jesteś bardzo poważany dzisiaj jak i każdego innego dnia. Dzień, w którym Twoja Jaźń przybrała fizyczną postać jest dniem upamiętniającym twój wybór by przyjść tutaj i pomóc zmienić coś na tym świecie. Zmienianie świata jest dokładnie tym, co robisz. Jesteś szczerze kochany oraz wspierany i nigdy nie jesteś sam.

Zacznij Od Początku

Pozdrawiam Cię Mój Drogi!

JAM JEST Rafael, Anioł Uzdrawiania i Transformacji, i uwielbiam tu przychodzić by usiąść z wraz z tobą i dzielić me energie. Uwielbiam ten czas, kiedy będąc w ciszy i w pokoju ze swoim światem, pozwalasz by energie dostępne poprzez to medium mogły do ciebie przyjść.

Zauważyłeś, że nie zawsze jest ci łatwo osiągnąć wewnętrzny spokój. Tyle, bowiem jest wokół ciebie napierających sił zewnętrznych, które wprowadzają zawirowania rozbieżnych energii. Może to być przyczyną rozdrażnienia, napięcia a nawet może przywrócić stare lęki i zwątpienie. Bardzo dużo tych energii przychodzi od osób będących wokół ciebie, którzy nie wierzą ani w siebie ani w świat jawiący się przed ich oczami. Podświadomie, bowiem uwierzyli, że nie mają kontroli nad tym, co się wydarza, a tym samym, że nie jest łatwo żyć na tym świecie.

Wszystkie rozbieżne energie krążące wokół, powodują, że znacznie trudniej jest dla ciebie, boskiego człowieka, przebrać je w taki sposób by zostawić tylko te, które naprawdę ci służą. Zastanawiasz się nad swoimi marzeniami i ambicjami, oraz nad tym czy byłyby one dla ciebie osiągalne gdybyś podejmował słuszne decyzje, a nawet, czy są osiągalne teraz, gdy służysz światu swoim własnym życiem.

Podczas szczególnie chaotycznego okresu, energie w mgnieniu oka mogą przemieszczać się pod twymi stopami i wokół ciebie. Możesz dokonać wyboru pójścia w konkretnym kierunku, ale w następnym mgnieniu oka możesz stwierdzić, że podążasz w kierunku zupełnie przeciwnym. Jakże to wszystko może być zawikłane! Każda zmiana i przemieszczenie powoduje, że zastanawiasz się na nowo, jaka alternatywa jest najlepsza, jaki jest najlepszy dla ciebie kierunek, jaki jest najlepszy wybór w tym momencie?

To, z czym boski człowiek zmaga się najbardziej jest umiejętność zostawienia poza sobą starych wyborów i właściwych dla nich energii, by łatwiej przemieścić się w kierunku energii nowych wyborów. Częściej niż rzadziej, będziesz odwiedzać te stare energie by się upewnić, że nie zostawiasz niczego, co mogłoby ci się w przyszłości przydać.

To, co dzisiaj, w tym momencie dla ciebie przynoszę, mój drogi, mój drogi przyjacielu, jest świadomość, że w każdym momencie, z każdym wyborem, jaki podejmujesz możesz zacząć od początku. Możesz wytrzeć tablice swych poprzednich wyborów pozwalając im odejść a samemu wejść w pełni, w nowe wybory bez zamartwiania się, że zrezygnowałeś z czegoś wartościowego.

Zacznij od początku w każdym momencie, w jakim zapragniesz dokonać wyboru, spełnić nowe marzenie, podążyć nowa ścieżką. Zacznij od początku wiedząc, że twoja dusza przyniesie ci wszystko, czego mógłbyś potrzebować z poprzednich doświadczeń. Nie musisz więc martwić się o to, że zostawiłeś za sobą coś szczególnie cennego.

Zacznij od początku z lekkim sercem i duchem. Zacznij od początku bez starego bagażu zachowań. Kiedy zaczniesz od początku miej po prostu świadomość, że w każdym momencie możesz dokonać nowego wyboru. Jako boska istota wiesz, że nic nie jest „wyryte na kamieniu" i zmiany są naturą egzystencji, w tych ciekawych czasach. Z każdym wyborem, każdym nowym początkiem, jesteś w pełni wspierany przez wszystkich, którzy kochając cię tak bardzo pracują z tobą po tej stronie zasłony.

JAM JEST Rafael i przyjemnością dla mnie jest być tutaj dzisiaj z tobą. Pozwól odejść wszystkim energiom, które nie należą do ciebie i bądź tą boską istotą, jaką postanowiłeś być tu na Ziemi. Oddychaj tą energią odnowy i pamiętaj, że z twoją duszą jest wszystko dobrze.

Jeżeli dzisiaj są twoje urodziny: Dzisiaj jest szczególnie dobry dzień by zacząć od nowa. Świętuj wszystko, co już poznałeś tak dobrze. Pobłogosław, wyraź swą wdzięczność i pozwól temu odejść. Więcej czeka, by przyjść do ciebie, więc z każdym oddechem zaproś nowe do siebie. Jesteś kochany tak bardzo!

Znajdź To Co Należy Do Ciebie

Pozdrawiam cię mój drogi! JAM JEST Zaihada z Syriusza i zawsze ogromną przyjemnością jest dla mnie być z tobą tutaj. Osobiście nie muszę doświadczać istoty czasu, ale zawsze interesująca dla mnie jest możliwość przyjścia tu by usiąść wraz z tymi, którzy czytają teraz te słowa i być razem w otaczającej nas energii.

Panuje teraz wokół ciebie spore zamieszanie. Stoisz na rozdrożu, drapiąc się po głowie, patrząc raz w jednym, raz w drugim kierunku. Jakiego wyboru powinieneś dokonać? Co stanowi właściwy wybór? A jeżeli wybór, który podejmiesz nie będzie właściwym dla ciebie i przyniesie ci coś, czego raczej nie chciałbyś doświadczać, nie mówiąc już o tym, że może zranić kogoś innego?

Mój drogi, przede wszystkim zapamiętaj, że nie ma złych wyborów. Poczuj to, zawładnij tym, umieść to w swoich duchowych zbiorach i uczyń częścią swego życia. Nie ma złych wyborów dla boskiego człowieka. Są tylko różne doświadczenia!

Jakiego więc wyboru dokonasz? Czy martwisz się, że możesz podjąć decyzję w oparciu o energię, która wcale nie należy do ciebie? Lub, że może telepatycznie lub empatycznie przechwyciłeś zagubienie się kogoś innego i próbujesz teraz żyć jego życiem? Wszystko przecież jest teraz możliwe. Istnieje ogromna ilość bytów, w jakiś sposób emanujących w eterze swą energią, którą boskie istoty ludzkie przechwytują niczym swoje własne.

W jaki więc sposób możesz rozróżnić, co naprawdę jest twoje by pozwolić odejść temu, co do ciebie nie należy? To jest zasadnicze pytanie, czyż nie? Ale odpowiedź jest właściwie całkiem prosta i mimo, że rzadko wykorzystywana, zawsze jest dla ciebie dostępna!

Aby dostrzec, odkryć i rozpoznać, co naprawdę jest twoją energią, a co zostało przyniesione w twoje energetyczne pole przez kogoś innego, można wykorzystać dwa szczególne sposoby doświadczania. Przede wszystkim, kiedy zatrzymasz się w danym momencie i bez względu na to, co robisz lub, czego doświadczasz, oddychasz głęboko przez moment, podnosisz swą świadomość i koncentrujesz się ponownie na swoim ciele. Czując swe własne energie, przywracasz duchową, intuicyjną istotę swemu ciału.

Istota ta ponownie jest w kontakcie z twoim własnym ciałem i przywraca ci twą własną świadomość. W tym momencie pomaga ci poczuć to, co należy do ciebie. Pomaga ci to być świadomym swego własnego doświadczenia u samej podstawy. Możesz zacząć zadawać pytania twej własnej intuicji o to, co chciałbyś wiedzieć. Odpowiedzi, jakie otrzymasz będąc w pełni obecnym w swoim ciele są najprawdopodobniej oparte na tym, co aktualnie w twoim życiu się wydarza. Dochodzą one do ciebie poprzez twych własnych przewodników, którzy wiedzą, że próbowałeś już sam zrozumieć to, co się dzieje, będąc w zasadzie poza kontaktem z własną jaźnią

Inny sposób nawiązania kontaktu z samym sobą aby odkryć naprawdę, co jest a co nie jest twoją energią, jest wyjście poza czas, poprzez różnego rodzaju medytacje. Musisz wiedzieć jak medytować lub nie podejmuj się ich w ogóle. W procesie wyciszenia siebie, wyjście poza czas ma, na przykład, miejsce podczas spaceru w parku, lub kiedy samotnie przebywasz we własnym pokoju. W tym czasie, bowiem określasz sytuację oraz umożliwiasz twojej duszy i przewodnikom przyjście do ciebie byś mógł otrzymać wiedzę, uświadomienie oraz potencjały, dla których przecież podejmujesz ten cały trud.

By otrzymać odpowiedzi i kierunek, najważniejsza dla ciebie jest możliwość nawiązania łączności twojej Jaźni z tobą! Tyle energii krąży wokół ciebie, że cichutki głos twej własnej Jaźni wielokrotnie gubi się w ich mnogości. Ale kiedy dasz sobie szansę i nastawisz się na słuchanie w ciszy swego otoczenia, wówczas wiesz, który głos należy do ciebie a który nie.

JAM JEST Zaihada. Przynoszę ci wiele miłości, zrozumienia i wiele błogosławieństw od tych, którzy pracują z tobą tak blisko po tej stronie Zasłony. Przez całą Kreację jesteś wspierany, ogromnie szanowany i czczony za wszystkie swoje wybory w życiu. Uwierz w siebie i w swoje wybory i pozwól odejść temu, co nie służy boskiemu mistrzowi, jakim jesteś!

A na zakończenie powiem, pamiętaj o Oddychaniu dla siebie!

Jeżeli dzisiaj są twoje urodziny: To jest wspaniały dzień, specjalnie dla ciebie. Daj sobie czas na celebrację siebie i zrób coś, co prawdziwie ci służy. Podaruj sobie czas, który nie jest nudny ani uciążliwy, ale za to pełen radości! To jest twój dzień, więc opromieniaj swym światłem wszystkich dookoła.

Będziesz Wiedział

Pozdrawiam cię dzisiaj mój drogi! JAM JEST Adamus St. Germaine i szczęśliwy jestem mogąc przyjść dzisiaj by w tej cudownej chwili móc dzielić z tobą tę energię. Dotarłeś już do takiego punktu gdzie istniejąc w ludzkim ciele, z pomocą duszy, ku swej radości możesz już z ogromną łatwością uzyskiwać informacje.

Twój mózg, twój umysł jest zmęczony. Twój mózg jest przeciążony i przemęczony od neonów żywotów, które są zawarte w energetycznym wzorcu twojego DNA. Twój umysł przejmuje wzorce każdego przodka, jakiego kiedykolwiek miałeś i próbuje najlepiej jak potrafi uporządkować te szafy wypełnione doświadczeniami i lekcjami z każdego przeżytego momentu. Próbuje pomóc ustalić, co właściwie ty, boski człowiek tworzysz.

I drogi mój, jest on przemęczony tą pracą bardziej niż możesz to sobie wyobrazić! W tym momencie ci mówię, że twój umysł, twój rozum ma już dość na to życie pracy związanej z ustalaniem czegokolwiek, rozwiązywaniem problemów lub pośredniczeniem w ich rozwiązywaniu. Nadszedł czas by zwolnić umysł z tej pracy i pójść dalej.

Proszę cię w tym momencie weź głęboki oddech w energiach, które są tutaj dla ciebie obecne. Musisz, bowiem przybyć do miejsca wzorców wibracji, byś był w stanie odebrać dalszą część tego przekazu. A ma to związek z twoją własną wiedzą, wiedzą boskiego człowieka, którym zawsze jest jesteś, bez względu na sytuację, bez względu na okoliczności, oraz na to, w co wierzysz lub nie.

Zatrzymaj się na moment, po prostu bądź w ciszy i oddychaj głęboko. Oddychanie przenosi ludzką świadomość z powrotem do ciała i przynosi uciszenie energii w momencie, kiedy ciało w oddechu uzyskuje równowagę z duchem. To właśnie jest to miejsce, zawsze dla ciebie dostępne gdzie uzyskasz wiedzę o tym, co w danym momencie powinieneś wiedzieć.

Powiedzmy, że twoja praca jest trudna i wymaga wysiłku.

Zamilknij na moment i oddychaj w siebie. Odnajdź swoje centrum, w którym łączysz się z esencją własnej duszy, miejscem gdzie wszyscy mogą uzyskać spokój i beztroskę.

W środku tej bezpiecznej i świętej przestrzeni zapytaj po prostu twoich boskich przewodników, Wyższej Jaźni, która wie wszystko, co kiedykolwiek powinieneś wiedzieć o to, jaki powinieneś podjąć najbardziej odpowiedni dla ciebie wybór.

A potem słuchaj! Słuchaj cichego głosu obecnego w tobie. Słuchaj sercem i zaprzestań wszelkich wysiłków zmierzających do zrozumienia treści tego, co do ciebie przez rozum przychodzi, gdyż nie będziesz w stanie wyłuskać najlepszego dla siebie rozwiązania. Twój rozum jest linearny a w Nowej Energii ty już nie funkcjonujesz w energii linearnej! Twój biedny umysł próbuje zrozumieć coś, co teraz do ciebie, do twojej egzystencji dochodzi z wielu innych wymiarów i sfer, nie jest on jednak w stanie sobie w ogóle z tym poradzić!

Teraz, bardziej niż kiedykolwiek dotychczas nadszedł czas by sobie zaufać. W każdym momencie będziesz wiedział, czego w danej chwili naprawdę potrzebujesz. Nie próbuj wymyślić, jaka będzie przyszłość, bo nie została ona jeszcze określona. Nie próbuj wykoncypować, jaki będzie odzew innych ludzi na twoje wybory, gdyż to nie jest już twój problem. Jedyną rzeczą, jaka się liczy w tym momencie jest to, co tym sam otrzymałeś dla siebie. Uwierz temu, polegaj na tym a z czasem stanie się to coraz silniejsze. To jest zawsze tutaj dla ciebie i to zawsze dla ciebie będzie. Czy możesz, więc zacząć z tego korzystać i pozwolić swemu biednemu rozumowi wrócić tam gdzie jego miejsce, to jest do zarządzania ciałem, co właściwie od zawsze było jego rolą?

JAM JEST Adamus St. Germaine i uwielbiam te wspaniałe momenty z tobą! Ta Nowa Energia jest gotowa zstąpić ku radości i doskonałości rozwijającej się ludzkiej istoty, a ty naprawdę jesteś na dobrej drodze!

Jeżeli dzisiaj są twoje urodziny: Co za wspaniały i znakomity dzień by zacząć wierzyć sobie i przestać gubić się w domysłach co jest w rzeczywistości prawdą dla ciebie.

Bądź w pokoju i korzystaj z tej miłości, która do ciebie pecjalnie dzisiaj płynie. Pamiętaj, że jesteś ogromnie kochany i nigdy nie jesteś sam.

Uwolnij Się Od Niesienia Tego Co Nie Należy do Ciebie

Jam jest Rafael, Anioł Uzdrawiania i Transformacji i wraz z tą chwilą cię pozdrawiam. Przyszedłeś tutaj by jak to się mówi otrzymać te dary z Nieba, które są przeznaczone dla ciebie z wielką miłością i radością. Jest to wspaniały sposób by otworzyć drzwi pomiędzy królestwami niebieskimi, aby otrzymać to, co należy do ciebie a czas ten jest cenny również dla wszystkich, którzy cię kochają.

Jako istota wyższej świadomości wiele razy przeszedłeś przez spiralę wzniesienia, za każdym razem idąc coraz wyżej i wyżej, coraz bardziej doświadczając ewolucji własnej duszy. Każde załamanie spirali przynosi ci nowe doświadczenia, nowe radości a skoro jesteś w ciele, nawet nowe cierpienia serca. I właśnie to ciało fizyczne sprawia, że może zaistnieć największa ewolucja. Fizyczne ciało jest wspaniałym wyrazem ducha oraz jest najwspanialszą w całej Kreacji wszechnicą. Kiedy więc czasami czujesz, że chcesz opuścić to ciało i być gdzieś indziej ba, gdziekolwiek indziej pamiętaj, że teraz zajmujesz pierwszy rząd w najwspanialszym w całej Kreacji przedstawieniu.

Mówiąc o doświadczeniach, które przeżywasz w ciele fizycznym powiem ci, że niesiesz zbyt dużo energii, która nie należy do twojego ciała! Od prawie pierwszego oddechu wraz z przyjściem na świat jesteś wielce empatyczną istotą, która z największej, trudno wręcz wyobrażalnej miłości bierze energetyczne ciężary z ramion innych. Jest to ogromnie respektowany dar od ciebie, ale teraz nadszedł czas by te ciężary odłożyć i się wycofać.

Każda istota, która inkarnowała się na tej Ziemi przychodzi tutaj, aby doświadczyć przejścia własną ścieżką. Tak, jesteś częścią grupy istot wyższych świadomości, które przyszły na Ziemię by pomóc ludzkości podnieść jej poziom świadomości i wiedzy. Nie możesz jednak robić tego dłużej poprzez odbieranie innym ich własnego duchowego doświadczenia. Dla każdego, kogo napotkasz w swoim życiu, każdej osoby, którą kiedykolwiek w tym życiu znałeś nadszedł czas by wzięły z powrotem swe ciężary krocząc dalej swoją własną ścieżką.

Weź głęboki oddech, mój drogi i pozwól sobie na odłożenie tych jakże wielu energetycznych obciążeń, które niosłeś dla tych, których tak bardzo kochasz. Daj tym najdroższym ci istotom najwspanialszy ze wszystkich dar poprzez wspieranie ich na ich własnej ścieżce. Kiedy bowiem kroczysz u ich boku i obserwując podtrzymujesz na duchu jest to znacznie wspanialszy dar miłości niż mógłbyś im kiedykolwiek ofiarować przejmując na siebie ich ciężary.

Jam jest Rafael i uwielbiam przychodzić tutaj w ten sposób by na moment spotkać się z tobą w trakcie twojego bardzo aktywnego dnia, by wejść w twoją energię i dzielić z tobą mą miłość. Przychodząc tutaj by otrzymać te przesłania ofiarujesz sobie wielki dar zasługując bardzo na wszystko, co otrzymujesz!

Jeżeli dzisiaj są twoje urodziny: Dzisiaj jest dzień szacunku dla siebie, celebracji siebie i wszystkiego, czym jesteś. Jest to twój dzień i należy on wyłącznie do ciebie i tego, co robisz by świętować swoją ekspresję. Wiedz, że niebiosa świętują wraz z tobą celebrując cud, jakim jesteś.

Niech Sprawy Toczą się w Sposób Naturalny

Jam Jest Adamus Saint Germaine i wpadłem tutaj by trochę podzielić się z wami energiami, które choć w części są znajome dla wielu z was. Moja reputacja głosi, że mogę kopnąć kogoś z tyłu, kiedy zaistnieje taka potrzeba, ale teraz przynoszę ci trochę delikatniejszej energii. A więc zrelaksuj się i bądź mniej nieufny!

Wraz z wieloma starymi i już załamującymi się energiami występuje wiele chaosu i niezrozumienia innych ludzi będących wokół ciebie. Bardzo łatwo jest osobom o wyższej wibracji wejść w te energie a czasami nawet się zagubić. Jesteście bowiem tak bardzo otwarci i empatyczni i zawsze świadomi tego, co się dzieje wokół was. Teraz bardziej niż kiedykolwiek przedtem dbanie o siebie jest czymś, co powinniście postawić na pierwszym miejscu.

Ty już wykonałeś pracę, którą reszta świata zaczyna właśnie osobiście doświadczać. Czy potrzebujesz w swym życiu przechodzić przez to ponownie? Och, będą okresy, kiedy znowu doświadczysz załamywania się tych energii, ponieważ jesteś tak empatyczny w odczuciach tego, co doświadczają inni. Pamiętaj jednak, że możesz wyjść poza te pochodzące od innych uczucia. Pamiętaj o tym a będziesz w stanie utrzymać miarę spokoju i równowagi w swym życiu. Powiedz sobie „JAM JEST TEN, KTÓRY JEST" by odnaleźć drogę do siebie.

Obecne czasy przyspieszają sprawiając wrażenie, że kierują się własnym rozumem i pozwalanie na to by rzeczy działy się w sposób nieskomplikowany stanowi dla ciebie największą wartość. Niektórzy twierdzą, że w rzeczywistości wybrali prostotę, ale jakoś im to nie wychodzi. Jaka jest, więc twoja definicja prostoty? Czy to oznacza zauważanie drogi, która w magiczny sposób rozpościera się przed tobą bez wpływu jakiejkolwiek myśli lub programu? Jeżeli tak, niech tak będzie. Czy to oznacza przepływ życia bez podejmowania żadnych decyzji, co robić a czego nie? Jeżeli tak, niech tak również będzie.

Już wcześniej zostało powiedziane, że prawdziwie „PROSTA, NIESKOMPLIKOWANA" droga jest tą, która wywołuje najmniejszy opór. To jest najważniejszy wzorzec i mam nadzieję, że pozwolisz sobie na to by żyć właśnie w takiej energii. To oznacza mój drogi, że jeżeli doświadczasz jakiegokolwiek oporu zrób krok do tyłu i spójrz ponownie na to, co się dzieje.

Zbyt często ludzie mają tendencję by myśleć o czymś za dużo i aby czynić to trudniejszym niż potrzeba. Dla wyższych królestw cała egzystencja jest prosta, z gracją pięknie płynąca od jednego momentu do drugiego. Tak właśnie powinno wyglądać życie na Ziemi. Utrzymuj je w prostocie drogi człowieku. A kiedy czujesz, że twoje życie jest zbyt skomplikowane pozwól sobie na krok wstecz by przyjrzeć się miejscu gdzie kreujesz przeszkody, zakładasz wzdłuż drogi bariery, które cię nie tylko spowolniają, ale nawet powodują zawrócenie kierunku. Czy słuchasz swego wewnętrznego głosu? Czy słuchasz tego, co inni pragną ci powiedzieć o twym życiu i o tym, co powinieneś a czego nie powinieneś robić?

Ponad wszystko płyń wraz życiem takim, jakim jest. Skończyłeś już z ciężkimi doświadczeniami mój przyjacielu. Pokonałeś już próby ognia, szedłeś boso przez pustynie wiele mil. Połączyłeś się z własną boską istotą, twoimi aspektami i kroczysz już nową ścieżką a twoja Jaźń w każdym momencie zna drogę! Czy możesz w końcu uwierzyć sobie na, tyle aby pozbyć się wszelkich wątpliwości? Weź wraz ze mną głęboki oddech i daj sobie szansę.

Teraz jest czas by bawić się tym wszystkim, na co zasłużyłeś i zacząć doświadczać życia, które bez przeszkód płynie dla ciebie. Zakończ tworzenie problemów, cierpienia i po prostu BĄDŹ w każdym momencie, wierząc sobie i w to, co jest ci potrzebne w każdej chwili i w każdej sytuacji. A kiedy zrobisz krok poza sferę, w której tworzysz trudności życia, zobaczysz o ile twoje życie może być łatwiejsze i płynniej przemierzać poszczególne wydarzenia. I kiedy to zrobisz przywrócisz pamięć, wspomnienie Domu, które jest tutaj z tobą na Ziemi. Im bardziej wierzysz w to, że już wiesz jak żyć prostym, nieskomplikowanym życiem tym łatwiejsza będzie twoja ścieżka.

Jam jest Adamus i zawsze ciekawie jest dla mnie przyjść tutaj by usiąść z tobą i dzielić myśli, dzielić energię oraz obserwować to, co się samo odkrywa. Utrzymuj swe życie w sposób naturalny drogi przyjacielu gdyż takie ono zawsze powinno być.

Jeżeli dzisiaj są twoje urodziny: Ach, jak doskonały jest to dzień byś mógł go przeżyć w naturalny sposób. Czego najbardziej pragniesz dla siebie dzisiaj? Przestań myśleć za bardzo o czymkolwiek i po prostu przepłyń przez to wszystko, co wraz z upływem dnia się odkryje. Idź śladem każdego impulsu i inspiracji, ale przede wszystkim weź błogosławieństwa i miłość, które płyną dzisiaj specjalnie dla ciebie!

Korzystaj z Narzędzi

JAM JEST Sofia, Bogini Kobiecej Kapłanki i przyjemnością dla mnie jest być tutaj wraz z tobą. Zawsze jestem, jak to się mówi, w sąsiedztwie, ale tylko, kiedy jestem przywołana mogę przyjść i usiąść blisko ciebie aby dzielić me energie w sposób, jaki dzieje się to obecnie. Te momenty są szczególne i sprawiają mi ogromną przyjemność!

Drogi mój, przeszedłeś już przez tak ciężkie i nieprzyjemne czasy, kiedy czułeś się przytłoczony życiem oraz zachodzącymi wokół wydarzeniami. Czułeś utratę nadziei, ambicji, motywacji a przede wszystkim kierunku, zastanawiając się, co właściwie robisz na tym świecie. Wiem o tym mój drogi, bowiem twoje energie są dla nas po tej stronie Zasłony bardzo czytelne w odbiorze.

Dziwimy się temu, przez co przechodzisz mój drogi, ponieważ ty masz wiedzę i możliwości by uczynić swoje życie łatwiejsze bardziej niż do tego dopuszczasz. Widzimy, że czasami wybierasz trudniejszą ścieżkę, kiedy łatwiejsza jest całkiem widoczna tuż przed tobą! Widzimy, że nie do końca wierzysz temu, że dobrze jest mieć łatwiejsze życie, ponieważ stara, niezabawna egzystencja jest wszystkim, co znasz.

Kochany mój, czytałeś przytłaczającą ilość książek i przekazów, dostarczyłeś sobie więcej wiedzy niż jesteś w stanie przyswoić. Pracowałeś z energiami i słuchałeś mistrzów, którzy przynosili ci to, co było dla ciebie dostępne. Szedłeś drogą życia, omawiałeś wykłady i ciągle jeszcze wybierasz trudną ścieżkę!

Drogi mój, powiem ci dzisiaj w tej energii boskiej miłości i współczucia, że nadszedł czas abyś zaczął korzystać z przedmiotów, które posiadasz już w swej skrzynce z narzędziami. Wiesz jak wyjść poza strumień energii chaosu i dysharmonii, które są wokół ciebie. Wiesz jak oddychać głęboko w siebie by odnaleźć środek i spokój umysłu. Wiesz dokładnie, co powinieneś a czego nie powinieneś robić w każdym momencie. Czy możesz, więc teraz pozwolić sobie na łatwiejsze życie?

Korzystaj z narzędzi, które już masz zamiast szukać najnowszych i najlepszych metod uzdrowienia czując, że tam znajdziesz lepszą pomoc. Uznaj, że sam już wiesz to, co powinieneś wiedzieć, aby wieść wspaniałe życie. Pozwól sobie na korzystanie z narzędzi, które już masz i które uczynią twoje życie o wiele łatwiejsze! Wykonałeś już ciężką pracę a teraz nadszedł czas by bawić się owocami tych ciężkich robót i być dobrym dla siebie. Korzystaj z narzędzi mój drogi oraz pozwól sobie być boskim człowiekiem, którym już teraz jesteś.

JAM JEST Sofia i jest to dobry dzień byś oddychał głęboko tym, co już wiesz by uznać, że to, co jest ci potrzebne już posiadasz w każdym momencie twojego życia. Wejrzyj w siebie po rozwiązanie i inspiracje do działania i wiedz, że możesz w pełni wierzyć sobie, kochać siebie i dbać o siebie w każdy możliwy sposób.

Oddychaj głęboko miłością i współczuciem, które płyną do ciebie w tym momencie. Bądź boskim człowiekiem i używaj narzędzia, które już posiadasz…"JAM JEST TEN, KTÓRY JEST".

Jeżeli dzisiaj są twoje urodziny: Jaki jest lepszy dzień aby wniknąć we własną wiedzę, że jesteś już całością i nie ma niczego, co powinieneś naprawić w jakikolwiek sposób, że jesteś fundamentem w sobie by żyć życiem, jakie wybierzesz. Szanuj i kochaj siebie dzisiejszego dnia mój drogi gdyż jesteś kochany i błogosławiony ponad wszelkie wyobrażenia!

Wybierz Sam Swoją Walkę

Z ogromną przyjemnością pozdrawiam cię dzisiaj mój drogi przychodząc tutaj aby być z tobą w tej energii. Tak wiele dzieje się wokół i wygospodarowanie chwili aby móc skupić się na oddychaniu nie zawsze należy do najłatwiejszych!

Jam Jest Adamus St. Germaine i przybyłem tu dzisiaj aby ci przypomnieć. Nie jest to nic wielkiego co wstrząsnęłoby Ziemią ale jest to bardzo ważne w momencie kiedy doświadczasz okresów, w których czujesz energie przychodzące do ciebie ze wszystkich stron. Te energie są niczym ping pong, raz z prawa, raz z lewa i mogą one zachwiać twoją równowagą wprawiając w prawdziwą frustrację.

Oddychaj wraz ze mną przez chwilę. W momentach takich jak te przynoszę ze sobą również wiele innych energii. Pozwól sobie na bycie obecnym w tych energiach miłości i współczucia i wyobraź sobie, że bierzesz głęboki oddech świeżego powietrza w samym środku chaosu, którego możesz doświadczać.

To co jest teraz najważniejsze mój drogi to dostrzeżenie tego gdzie skupiasz swoją uwagę i w jaki sposób to czynisz. Istnieją wokół energie, które tkwią w lęku i praktycznie rzecz ujmując zamiast radzić sobie z własną nierównowagą szukają wokoło czegoś czego mogłyby się uchwycić.

Wiele powszechnego na tym świecie lęku pochodzi od tych którzy boją się zmian, którzy boją się tego, że ich rzeczywistość może zmienić się w jakikolwiek sposób. Dobrze im z obecną sytuacją i raczej woleliby widzieć jej kontynuację bez dążenia do konkretnego celu niż doświadczyć jakichkolwiek zmian.

Istnieją również tacy, którzy na tyle źle się czują mając tak wiele różnych energii wokół, że próbując się ich pozbyć reagują skrajnie Jest im z nimi tak bardzo źle, że gotowi są posunąć się bardzo daleko aby się od nich uwolnić. Kiedy więc energie te ich opuszczają może wyrazić się to zarówno gniewem jak i agresją.

Ci którzy decydują się na to by przesunąć własną energię poprzez negatywizm pragną ściągnąć tych o wyższej wibracji w ich własną rzeczywistość dzięki czemu czują się mniej samotni. Potrzebują kogoś aby ich ocalił lub uzdrowił wierząc, że sami nie posiadają ani mocy ani możliwości przejścia przez zmiany czy uwolnienia się od lęku.

Oni, mój drogi przyjacielu uczynią wszystko co możliwe aby uzyskać waszą pomoc, waszą uwagę i waszą energię. W tym właśnie momencie ważne jest dokonanie odpowiedniego rozróżnienia. Kiedy znajdziesz się w takiej sytuacji, szczególnie kiedy sam niezbyt dobrze się czujesz zatrzymaj się i cofnij na moment.

To jest chwila aby zadać sobie pytanie czy to jest TWÓJ problem. To jest moment na to by zastanowić się czy walka, którą chcesz podjąć dotyczy CIEBIE. I to jest czas aby zapytać siebie czy rzeczywiście czujesz się inspirowany aby zagrać rolę w rozgrywającym się w danej chwili scenariuszu.

Drogi mój, wybierz swoje bitwy. Masz wiedzę aby samemu wybrać to czego pragniesz doświadczać i to co raczej wolisz obserwować z dystansu stojąc za niskim murkiem. Nie masz względem innych żadnych zobowiązań i nie musisz brać udziału w ich traumatycznych i dramatycznych przeżyciach. Nie ma też istoty, która mogłaby wymusić na tobie działanie wbrew twej woli, chyba, że istotą tą jesteś ty sam.

Wybierz swoją walkę mój drogi. Sam wybierz to z kim

będziesz grał wspólnie lub nie, z kim się zaangażujesz a z kim nie. Wybierz sam miejsce gdzie będziesz dzielił własną energię i w jaki sposób to uczynisz. Nie jesteś nikomu nic winien i kiedy umocnisz się w tej wiedzy przyniesie ci to więcej energii a inni zobaczą, że możliwe jest dokonywanie wyborów nie oporując ani gwałtownie reagując.

Jam Jest Adamus i zawsze przyjemnością dla mnie jest przyjście tutaj w ten sposób by dzielić z tobą tę chwilę. Pamiętaj ty tworzysz własną rzeczywistość i nikt nie może wymusić na tobie niczego czego sam nie pragniesz dla siebie. Szanuj swoje wybory i stój mocno we własnych energiach wiedząc co służy ci lepiej a co mniej. Wszystko zaczyna się od ciebie mój przyjacielu.

W momentach stresu i niezdecydowania pamiętaj, że oddychanie jest najwspanialszym sposobem na to aby powrócić do własnego centrum oraz w świadomość tego, że wiesz!

Jeżeli dzisiaj są twoje urodziny: Ach mój drogi, co stworzysz dzisiaj dla siebie? Co pozwolisz sobie otrzymać w tym szczególnym dniu? Na jaką magię zezwolisz? Jaką miłość do siebie dopuścisz? Ty przecież zasługujesz na to aby doświadczyć dla siebie wszystkiego co możliwe i dokonać wszystkich dostępnych ci wyborów. Co wybierzesz dla siebie w tym szczególnym dniu? Zacznij od miłości a reszta przypłynie sama!

Poddaj się

Pozdrawiam cię dzisiaj mój drogi z ogromną radością gdyż twoja obecność jest zawsze przyjemna dla istot po tej stronie zasłony a każda sposobność aby przybyć tutaj by usiąść z tobą jest naprawdę miła.

Jam Jest Sophia, Bogini Boskiej Kobiety i jestem tutaj dzisiaj aby przypomnieć ci o czymś podstawowym, o czymś co w tym trudnym okresie może ci przynieść ulgę w codziennych czynnościach. Przybywam dzisiaj przypomnieć ci abyś po prostu poddał się sobie i nurtowi życia. Czyniąc to bowiem uzyskasz zaufanie i całkowitą integrację z sobą.

W egzystencji 4-wymiarowej chodzi głównie o polaryzację, o oporowanie i reakcje na miriady energii wokół ciebie, zadawanie pytań i przepuszczanie przez siebie wszystkiego co się tobie objawia, chodzi o osądzanie, uwalnianie i oczyszczanie tego co ci nie służy.

Twoje życie stanie się łatwiejsze i radośniejsze, kiedy poddasz się temu, co do niego przychodzi a co przecież zostało zaplanowane przez twoją własną jaźń. Czy jesteś gotów aby wejść w pełnię życia całkowicie wierząc sobie? To się stanie kiedy przychodzi gotowość, mój drogi!

Poddanie się w żadnym wypadku nie oznacza rezygnacji a szczególnie ma to miejsce w odniesieniu do energii drugiej osoby. Poddanie się oznacza zaufanie temu, że wszystko w twoim życiu jest prawdziwe i całkowicie zgodne z twoją ścieżką. Poddanie się oznacza wiedzę, że zawsze jesteś bezpieczny, zawsze będziesz bezpieczny i że istnieje kontakt z siłą wyższą, która jest zawsze przy tobie obecna. Z taką współpracą twoje życie może być tylko łatwiejsze!

Tak jak już wiele lat temu zostało powiedziane przez

naszego drogiego przyjaciela Tobiasza, możecie teraz kreować życie energicznie malując je na swoim płótnie. Nadszedł czas, aby pozwolić odejść codziennym zmartwieniom o najmniejsze szczegóły gdyż będą one automatycznie rozwiązane. Wszystko czego potrzebujesz w życiu ziści się w danym momencie, wszystko bowiem otrzymasz.

Poddaj się wiedząc, że uzdrowienie się dokonało, uwolnienie jest pełne i kompletne a ty podążasz teraz w kierunku pełnej jedności i równowagi z własną jaźnią. Poddaj się wiedząc, że ta integracja i zjednoczenie przynosi ci wszystko to czego w swoim życiu potrzebujesz, w każdym momencie. Poddaj się tym zewnętrznym doświadczeniom przeżytym w przeszłości, które doprowadziły cię do miejsca, gdzie pozwalasz przepłynąć obok siebie energiom wywołującym dotychczas twoją reakcję.

Czasy otrzymywania lekcji są za tobą. Podaj się życiu, które jest wolne od problemów i przeszkód i bądź w pokoju mój drogi, gdyż wszystko z twoją duszą jest w porządku. Poddaj się w każdym momencie temu co się dla ciebie odkrywa, czego doświadczasz wiedząc, że twoja własna Wyższa Jaźń sama to wybrała. Poddaj się wiedzy, że w każdym momencie sam możesz być swoją Boską Jaźnią.

JAM JEST Sophia i uwielbiam siedzieć tu z tobą dzieląc nasze energie. Oddychaj głęboko wraz ze mną przez moment w miłości i współczuciu. Jest też tutaj obecnych wiele istot siedzących z boku w czasie naszego spotkania. Poczuj ich miłość i wsparcie, które są tutaj dla ciebie, zawsze.

Jeżeli dzisiaj są twoje urodziny: Jesteś kochany ponad wszelkie wyobrażenia mój drogi. Nigdy nawet na moment nie zapominaj o tym! W tym szczególnym dniu pozwól sobie na otrzymanie energetycznych i materialnych darów które do ciebie przychodzą. Przyjmij miłość, przyjmij współczucie oraz wiedzę, że z twoją duszą jest wszystko w porządku!

Nie ograniczaj się

Pozdrawiam cię dzisiaj mój drogi w tej bezpiecznej i świętej przestrzeni. Tańczę z twoją energią płynącą swobodnie pomiędzy tymi, którzy wraz z tobą oraz wieloma twoimi aspektami dzielą wspólnie tę wiadomość.

Jam Jest Sophia, Bogini Boskiej Kobiety i dzielę się z tobą w tym wielkim dniu tą energią! Otwierając się na dzielenie oraz pozwalając sobie na odbieranie wraz z oddechem tej energii ofiarowujesz sobie wielki dar. W momentach takich jak ten jest wokół tak wiele miłości mój drogi. Jest to, bowiem jedna z tych chwil, która pozwala miłości płynąć do Ciebie a ty sam możesz poczuć jak energie Domu się zbliżają!

Dobrze jest wyłączyć się na chwilę z panującego wokół chaosu i w takim dniu gdzie wszystko kręci się w sposób niekontrolowany po prostu zatrzymać się i oddychać przez chwilę. To jest twój czas i tak będzie za każdym razem, kiedy będziesz tego potrzebował a przekaz ten, przeznaczony dla ciebie jest darem, który sobie ofiarujesz.

Zachodzi wiele przesunięć energii na świecie i czasami może się wydawać, że nic nie ma żadnego sensu. Formy i struktury upadają, zasady są łamane i wiele, wiele kłamstw się odkrywa, aby prawda mogła zaistnieć ponownie. Jest to wielki czas mój drogi, choć czasami możesz czuć się nie komfortowo z tym, co się dookoła ciebie dzieje.

Jednakże jest to czas, aby w pełni wyrazić wielkość, jaką jesteś! Aby podążyć szlakiem Mistrzów i pokazać światu, że jesteś tym, który wykonał pracę, chodził, rozmawiał i nie lękał się wyrazić siebie w życiu. Teraz jest czas mój drogi, aby wyrazić swoje kreacje bez żadnych ograniczeń lub narzuconego porządku! Teraz nadszedł czas, aby dać swobodę kreatorowi, jakim jesteś i abyś mógł zacząć malować swój świat i patrzeć jak spełniają się twoje marzenia.

Trzymałeś się z dala w tej podróży gdyż przebywanie z innymi było czasami bolesne i raniło twoje serce. Wiele razy ludzie dookoła nie rozumieli ciebie a ty sam czułeś się niczym istota pozaziemska w ludzkiej skórze! Cóż, mój drogi, jesteś taką istotą!!! Jesteś aniołem w ludzkiej postaci i teraz nadszedł czas, aby wyjść lśniąc boskim światłem i aby pokazać światu, kim naprawdę jesteś.

Wyrażaj swoją boskość bez ograniczeń i pozwól swoim kreacjom żyć własnym życiem, aby osiągnęły pełnię ewolucji bez żadnej kontroli. Bycie boskim kreatorem oznacza malowanie świata wyrazistymi ruchami a wówczas kreacje zaczną żyć nowym życiem bez żadnej ingerencji w szczegóły z twojej strony. Nadszedł czas, aby twoje kreacje swobodnie popłynęły a także, aby swobodnie popłynęło twoje życie gdyż jego ekspresja przejawia się w podobny sposób.

Wyrażaj swoje życie bez ograniczeń, zasad i definicji tego jak proces ten musi lub powinien wyglądać. Czas, w którym kolorowałeś tylko, co mieściło się pomiędzy liniami jest już za tobą mój drogi gdyż teraz strony z twojej książki do kolorowania popłyną do odpowiedniej kredki stając się równocześnie tęczą i kalejdoskopem kreacji. Wszystkie energie przemieszczą się wraz z tobą w twoich kreacjach, kiedy dajesz na to zgodę wiedząc, że cokolwiek przychodzi od twojej kreacji jest doskonałe i funkcjonalne. A ty możesz usiąść wygodnie i rozkoszować się tym, co widzisz!

JAM JEST Sophia i jestem szczęśliwa będąc tu dzisiaj z tobą. Tak wiele się zmienia, że czasami masz wątpliwości, co do swojej ścieżki. Oddychaj ze wszystkimi, którzy są tutaj z tobą w tej chwili i pamiętaj, że wszystko z twoją duszą jest w porządku. Idzie ci naprawdę dobrze.

Jeżeli dzisiaj są twoje urodziny: Wyjdź z domu i świętuj wielkość swej osoby! Dziel swoją energię z innymi i zobacz jak ich oczy jaśnieją przy pokonywaniu życiowych problemów oraz kiedy rozwiewają się ich wątpliwości.
Dostrzeż jak odbijają oni z powrotem do ciebie cud, jakim jesteś a potem pozwól sobie na zjedzenie ciasta lub lodów i po prostu baw się dobrze!

Jesteś tak bardzo kochany!!

Uwierz w Siebie

Jestem dzisiaj z tobą mój drogi tak jak zawsze jestem z tobą w duchu. JAM JEST kolektywny głos istot anielskich, które są twoją drużyną, są jak to się mówi grupą wparcia, która trzyma się blisko ciebie w momentach, kiedy czujesz się samotny i niekochany, która wiwatuje ci w momentach sukcesu i tryumfu. Jesteśmy zawsze z tobą najdroższy, ponieważ jesteśmy jedną drużyną!

Będę dzisiaj rozmawiać z tobą o dbaniu o siebie, ale co najważniejsze o tym abyś uwierzył w siebie szczególnie, kiedy w czasach jak obecne nie jest łatwo siebie odnaleźć. Trzymaj się tej wizji i energii, która jest tylko twoja i wierz temu, co w każdym momencie odczuwasz.

Energie nieufności są nieokiełznane a chaos duszy jest celem tego rodzaju energii pełnych lęku. Wielu ma ogromne obawy przed wielkimi istotami, które utrwalając swoją siłę idą wg własnego prowadzenia i nie słuchają innych na temat tego, co mają zrobić. Im bardziej możesz zaufać sobie w każdym momencie, w każdym wyborze i sytuacji, w której się znajdujesz tym mocniejszym się staniesz.

Wiara w siebie ma obecnie fundamentalne znaczenie mój drogi a ty bardziej niż kiedykolwiek jesteś swoim najlepszym przyjacielem. Twoje serce zna kierunek działania twojego umysłu przenoszącego interpretacje i analizy tego, co przychodzi do ciebie. Nie jest to jakiś tam głos w telewizji czy informacja w gazecie, które przecież ciebie wcale nie znają. Nikt nie zna cię tak dobrze jak ty znasz siebie i z tego powodu nikt nie może podjąć za ciebie żadnej decyzji!

Wierz w siebie najdroższy gdyż znasz odpowiedzi, których zawsze szukałeś. Wierz w siebie, kiedy masz kłopoty, gdyż posiadasz boską, duszę, która zawsze jest z tobą i prowadzi cię krok po kroku, kiedy zbaczasz z drogi! Wiele z tego, co przychodzi w postaci głosów czy nie komfortowych energii nienależących do ciebie nie ma na celu żadnej twojej korzyści. Tylko twoja osobista jaźń jest całkowicie za tobą i popiera każdą decyzję, jaką podejmiesz w tym życiu. Czy nie jest to coś naprawdę godne prawdziwego zaufania?

Wierz sobie, że podejmujesz decyzje, które są w zgodzie z twoją boską istotą i w harmonii z tym, co jest zapisane w księdze duszy. Wierz w siebie i uwolnij iluzje niewiary, które już straciły swoją użyteczność. Wątpliwość nie jest już energią, która powinna w twoim życiu istnieć, najdroższy. Czy nie masz już dość doświadczania wątpienia w sens każdego swojego kroku?

Wierz w siebie ukochany i wiedz, że podejmujesz decyzje i dokonujesz wyborów, które w pełni wspierają twoją ścieżkę nawet, kiedy zastanawiasz się czy jest to dobre dla ciebie. Jesteś wielką boską istotą i nie ma niczego niewłaściwego w twoich wyborach. Każdy wybór ci służy a także na wiele sposobów służy innym wokół ciebie, czego zresztą nawet w tym życiu możesz nie dostrzegać. Ale kiedy powrócisz do nas po tej stronie zasłony zobaczysz, że kroczysz w boskim świetle i jesteś kochany za wszystko, co robisz.

Wierz w siebie najdroższy i bądź w pokoju. Wszystko, bowiem jest w porządku z twoją duszą i teraz nadszedł czas abyś żył życiem, na jakie zasługujesz. Pozwól odejść wszystkim przeszkodom i ciężarom, które niesiesz ze sobą gdyż ich czas się skończył. Słuchaj siebie i idź za głosem serca. Żyj w radości, zawsze.

Jeżeli dzisiaj są twoje urodziny: Dzisiaj jest doskonały dzień, aby zacząć żyć sercem i iść za jego głosem. Odsuń się od tego, co, na co dzień oferuje ci świat i słuchaj głosu, który przyniesie ci wiedzę o tym jak postępować w każdym momencie. Bądź otwarty na płynącą do ciebie szerokim strumieniem miłość i przy uwalnianiu wszelkich wątpliwości miej dla siebie dużo cierpliwości. Wiedz, że jesteś bardzo kochany dzisiaj jak i każdego dnia i trzymaj swą głowę wysoko w każdym momencie. Jesteś boską istotą i wszystko jest dobrze.

Oddychaj!

Jeane R. Pothier od ponad jedenastu lat zajmuje się chanelowaniem przekazów poprzez e-maile, chat rooms i Internet. Na jej wiedzę składają się lata głębokich poszukiwań w metafizyce, alternatywnej medycynie, szamanizmie i spirytualizmie a także poszukiwań wglądów w jej własne, osobiste doświadczenia i szukania odpowiedzi na pytania dotyczące tych burzliwych czasów. Czystość jej energii jest fundamentem informacji przychodzących z innych wymiarów i transmitowanych bez dodawania jakichkolwiek zmian. Przynoszą one również wielką miłość i współczucie od wszystkich ukochanych istot spoza Zasłony. Aby zadać pytanie osobiście można wejść na stronę www.answers-and-more.com

O tłumaczce

Elżbieta Woźniak jest Polką mieszkającą aktualnie w Anglii. Swoją drogę duchowego rozwoju rozpoczęła w 1996 r. i proces ten trwa do dnia dzisiejszego. Obecnie pracuje w służbie zdrowia gdzie częste kontakty z chorobą, kalectwem i śmiercią uwrażliwiły ją dodatkowo na ludzkie nieszczęście a także przyczyniły się do zadania pytania dotyczącego istoty bytu boskiego człowieka, co następnie stało się inspiracją do dalszej duchowej pracy. Więcej tłumaczeń, które wkrótce będą dostępne w oddzielnej edycji, można znaleźć na stronie internetowej Ms. Jeane Pothier.

www.ingramcontent.com/pod-product-compliance
Lightning Source LLC
Chambersburg PA
CBHW020017050426
42450CB00005B/508